昭和こども図書館

今でも読める
思い出の児童書ガイド

初見健一

はじめに

本書には、主に僕が小学生時代を過ごした１９７０年代のものを中心に、小学校の図書室や教室の学級文庫に蔵書されていた児童書、もしくは学校にはなかったけれど、多くの小学生たちがお小遣いで買った児童書のなかから、特に「懐かしい本」を一〇〇点あまりセレクトして紹介しています。

一応、サブタイトルで「ブックガイド」と謳ってはいますが、「おもしろい本」「感動する本」「ためになる本」「役に立つ本」……などなど、いわゆる「良書」を厳選しておススメする「ブックガイド」ではありません。本書で紹介する児童書のセレクト基準はただひとつ、「懐かしさ」です。

もちろん「おもしろい本」「感動する本」「ためになる本」「役に立つ本」もたくさん入っています。しかし、子ども時代の自分にとって「つまらなかった本」「大っ嫌いだった本」「なんの役にも立たなかった本」「読んだフリだけして読まなかった本」などなども、そこに「懐かしさ」があれば取りあげました。

さらには「夜眠れなくなるほど怖い本」「気持ち悪くなって食欲が減退する本」「親や先生に反抗したくなる本」「ありもしないものを信じたくなる本」などなど、いわゆる「有害図書」と目されるものも多数含まれていると思います。

本にまつわる思い出というのは不思議なもので、「ああ、いい本だったなぁ！」といった読後感と同じくらいに、「なんだこりゃ？」とか「ぜんぜんつまんないっ！」とか「うぇっ、もう読みたくないっ！」などと思ったことも強く記憶に刻まれ、時が経るとそうした本もまた思い出深くなったりするようです。

おそらく七〇年代に子ども時代を過ごした人であれば、当時の教室にあった玉石混淆状態の乱雑な学級文庫の棚を思い出したりして、その「懐かしさ」を楽しんでいただけると思います。そして「懐かしさ」を感じたら、ぜひその本を実際に手に取って、もう一度読んでみてください。「あのころ」を思い出すと同時に、「あのころ」とは違った発見ができるかもしれません。

また、当時の僕らが心底夢中になった本もたくさん含まれていますので、そのうちの何冊かは、きっと今の子どもたちが読んでもやはり夢中になるはず……と信じています。

昭和こども図書館

今でも読める思い出の児童書ガイド

目次

※本書に掲載されている児童書は主に七〇～八〇年代に学校図書館などに蔵書されていた古い版ですが、多くは新装版などが現行品としても流通しています。なかには絶版となった作品もありますが、古書店などで比較的容易に入手できるものを中心にセレクトしてあります。
※本書掲載の児童書は、各書籍に設定されている「対象年齢」ではなく、著者が読んだ年齢を基準にした順番で紹介されています。

絵本と昔話

多くの70年代っ子たちを育てた「昭和の童話全集」の決定版!

『日本の民話』松本かつぢほか/1967年

『そんごくう』岩本康之亮ほか/1974年

『オールカラー版 世界の童話』

波多野勤子、浜田廣介、村岡花子・監修
小学館 1966年〜

(錚々たる絵本作家が集結した童話全集。各巻が金色の箱入りという装丁も美麗。当時は「一家に1セット」というほど普及していたらしい。現在は絶版)

自分が生まれて初めて読んだ本、いや読んでもらった本はなんだろう?……なんてことを考えてみても、今となっては特定することなどできるはずもないのだけど、それでも「本との出会い」を語るのであれば、このシリーズの話からはじめるしかない。ことによったら、本当に僕が「生まれて初めて読んでもらった本」なのかもしれない、とも思うのだ。

小学館『オールカラー版 世界の童話』シリーズ。僕が生まれる一年前、一九六六年に第一巻の『イソップのお話』が刊行され、以降、七〇年代を通じて全三〇巻が刊行された。その後も第二期という形で続刊も出ていたようだ。

我が家はこれを定期購読していた。このあたりはもう完全にうろ覚えだが、たぶん毎月一冊のペースで刊行され、近所の本屋さん「ほたる書房」のおやじさんが家に届けてくれていたのだと思う。ともかくもの心がついたころには本棚にズラリと並んでいた。

幼児時代、母親が眠る前に読んで聞かせてくれる絵本は、もっぱらこのシリーズだった。イソップ、グリム、アンデルセン、日本の民話から、『アラビアンナイト』『そんごくう』『ピノキオ』『ピーターパン』などなど、およそあらゆる種類の童話を網羅した全集で、たぶん僕は本というものがどんなものなのかということと、物語というものの楽しみ方を、このシリーズを通じて知ることになったのだと思う。

なかでも、本や物語にまつわる記憶で、もしかしたらこれが一番古いのかも……と前々から思っているのが、『うぐいすひめ』というお話の不思議な印象だ。

これは第八巻『日本の民話』に収録されていて、この巻の刊行は僕が生まれた六七年。まさか〇歳の記憶ではないと思うが、ともかく物心がつきはじめる曖昧な境界線上の記憶だ。

青年が釣りに出かけて、道に迷ってしまう。そして美しい歌声で歌う謎の少女に出会う。少女は青年を自分の家に連れてゆく。そこは梅の花が咲き誇り、梅の香りに満ち満ちた場所だ。

少女は青年に留守番を頼み、出かけてしまう。その際、「決してタンスを開けてはならない」というタブーを設定する。この種の物語のパターンに従い、もちろん青年は約束を破り、「禁忌」のタンスの引き出しを開けてしまう。

一段目の引き出しを開けると、そこには箱庭のような苗代の風景が広がり、風が吹いている。二段目の引き出しを開けると、五人の「ちいさなおひゃくしょうさん」がせっせと田植えをしている。三段目の引き出しを開けると、黄金色に輝く秋の田んぼが夕日に輝いている。

言うまでもなく、青年が「禁忌」を犯したことはすぐに露呈する。少女は悲しみ、うぐいすに姿を変えると、美しい歌声で歌いながら空の彼方に消えてゆく……。


この話を聞いた幼児の僕は、どう反応してよいのかわからず、ただゾワゾワした。今読んでもゾワゾワする。いかようにも解釈できる物語だが、同時に、あらゆる解釈を拒むかのような純粋な不可解さがあって、大人になって読みなおしてみても腑に落ちない。幼児のころと同じく、ただゾワゾワだけが残るのである。

タンスのなかに「世界」がある——。そのイメージは幻想的でおもしろいが、なぜか背筋に鳥肌が立つほど怖くもある。なんだか知らないが「遠い昔、僕もそういうタンスを見てしまったことがある」というような、ありもしない記憶がよみがえってくるような気がする。

僕の母親は、よく「絶対に本を踏むな」と言っていた。そのせいで、僕は誤って床に散らばった本を踏んでしまったときなど、いまだに「あっ、やっちゃった！」と必要以上にうろたえてしまう。「本を踏むな」は、僕にとっては幼児期に叩き込まれた「禁忌」なのだ。

それは要するに「ものを大切にしろ」という平凡な教訓でしかないのだが、僕が幼児だったために、母はいつも不思議な言い方をした。

「絶対に本を踏んじゃダメよ。このなかにはね、いろんな世界があって、いろんな国があって、いろんな人が住んでいるんだからね」

これを言われるたびに僕は背筋がゾワゾワとして、あの「うぐいすひめ」の話を思い出した。

この不思議な言い方のせいで、僕のなかでは「うぐいすひめ」の不思議なタンスと、本というものが自然に結びついてしまっている。

本のなかに世界がある――。この馬鹿げた感覚は、今も僕のなかに確実に居座りつづけている。そして、今も僕が本というものについて考える際、かなり大きな影響を与えているらしい。

「あの不思議なタンスの引き出しと、開かれた本のページは、何か得体の知れない空間を経由して、〝つながって〟いるのではないか？」

最初の本の記憶である『うぐいすひめ』の不可解さに、すべての書物と物語の秘密が隠されている……という夢見がちな幼児ならではの妄想は、大きな声では言えないけれど、あながち間違ってはいないような気もするのだ。

世界中の子どもたちが憧れた
フランス生まれのカワイコちゃん!

『カロリーヌとゆかいな８ひき』シリーズ

ピエール・プロブスト・著・絵／やました はるお・訳
BL出版 1998年〜
（全25巻だが、一部品切れあり。小学館『オールカラー版 世界の童話』の「カロリーヌ」シリーズは1967年から71年に刊行された）

ここでは今も現行品として入手できるBL出版のシリーズを紹介するが、僕が最初に「カロリーヌ」シリーズを読んだのは、前項で紹介した小学館『オールカラー版世界の童話』だった。

この全集に『カロリーヌのおともだち』『カロリーヌのつきりょこう』『カロリーヌのせかいのたび』『カロリーヌのぼうけん』の四巻が含まれており、計一五話が収録されていたのだ。

『オールカラー版世界の童話』を定期購読していたこ

ろ、僕はときどき届けられる『カロリーヌ』を心待ちにしていた。最初に読んだ『カロリーヌとおともだち』以来、このシリーズが大好きになっていたのだ。

まぁ、日本にも無数のマニアが存在する名シリーズなので、今さら僕なんかが言うことでもないが、とにかく「カロリーヌ」はほかの童話や絵本のなかで強烈な異彩を放っていた。「あ、これはなんか違う！」という魅力にあふれていたのである。その違いをひとことで言えば、オシャレ感。圧倒的にポップでファッショナブルでカッコよくて新しかった。

鶴になった女房に逃げられたとか、雪に埋もれたお地蔵さんに傘をあげたら餅をくれたとか、藁を元手に金持ちになったとか、そうした辛気くさくて貧乏くさいお話ばかりを聞かされていた幼児にとって、カラフルで躍動感に満ちたイラストで綴られる『カロリーヌ』の世界は別世界だった。動物たちとクラシックなオープンカーをブッ飛ばしてドライブを楽しみ、アメリカに渡ってカウボーイになり、真っ赤な宇宙服でロケットに乗り込んで月へ行く……。

描かれるファッションも、さまざまなアイテムも、おいしそうな食べ物も、なにもかもがスタイリッシュでキュートでステキ。「このページのなかに入りたい！」と本気で思っていた。

ピエール・プロブストが「カロリーヌ」を手がけはじめたのは一九五〇年代なかば。それから主に六〇年代を通じて次々に新作が発表された。フレンチ・ポップスが一番輝いた時期だ。

この時代のフレンチ・ポップス、特に人間離れしているほどにキュートで、なのに英米のロックよりもカッコよくて、夢見るような多幸感に満ちたフランス・ギャルの歌を初めて聴いたとき、反射的に「あっ、カロリーヌだ！」と思ってしまった。僕が六〇年代の「おフランス的」なカルチャーに触れたのは、たぶんこのシリーズが最初だったのだと思う。

『オールカラー版 世界の童話』の『カロリーヌ』の巻は、やはり懐かしいと思う人がたくさんいるのだろう、中古市場で見かけることはあっても、かなりのプレミアがついている。なので、ブッククローンでおなじみのBL出版が一挙刊行してくれたのは本当に喜ばしい。

……のだが、現行版はフランスで現在刊行されている『カロリーヌ』シリーズの翻訳である。ピエールさんはシリーズが版を重ねるたびに、時代にマッチするようにテキストや絵をちょこちょこ書きなおしているらしいのだ。なので、「あれ？ ここが記憶と違うじゃないか！」とか「あの場面がなくなってるじゃないか！」と悲鳴をあげるオールドファンも多いのである。

今の子どもたちのために、という発想はわかるけど、正直、僕もこういう時代に合わせた「ちょこちょこバージョンアップ」はできればやめてくれないかなぁ……と思ってしまう。『スター・ウォーズ』のジョージ・ルーカスじゃないんだからさぁ……。

季節感にあふれたアンソロジー 365日分のお話を収録!

『ママお話きかせて／冬の巻』

土家由岐雄、浜田廣介、山下俊郎・監修
小学館 1970年
(70年に夏秋冬の巻、翌年に春の巻が刊行された。現在は絶版)

以前から『正ちゃんの出初式』というお話が気になっていた。幼児期に好きだったお話で、母親から読んでもらった記憶もあるし、文字が読めるようになってからは自分でも繰り返し読んでいた。「出初式」という、ちょっと子どもには耳慣れない言葉も、このお話によって初めて知ったのだと思う。内容はうろ覚えだが、ごくたわいもないもので、確か未来の消防隊を描いたお話だった。ロボットの消防隊員が登場するくだりが印象的で、古典的な「いかにも昭和」なロボットが描かれた挿絵も覚えている。

この絵本を前々から探していたのだが、まったく見つからない。ネットでタイトルを検索しても、いっさいそれらしい情報が出てこないのだ。おそらく児童雑誌などに「その場限り」みたいな形で掲載された無数の創作童話のひとつで、もう二度と再会はかなわないのだろうと思っていた。

ところが先ごろ、実家の母親から「園児時代に読んでた絵本が一冊出てきたけど、今書いてる本に使えるんじゃないの？」と電話がかかってきた。さっそく実家に本を取りに行ってみると、その本にちゃんと『正ちゃんの出初式』が掲載されている。

本のタイトルは小学館の『ママお話きかせて／冬の巻』。『ママお話きかせて』といえば、同タイトルで同じく小学館から刊行されていた松谷みよ子監修の民話絵本シリーズが有名だが、それとは内容が違う。大判のお話アンソロジーというスタイルは同じだが、こちらは古今東西のお話を集めた春夏秋冬の全四巻。見開きで完結するお話が四巻で計三六五話収録されており、各ページにはノンブルの代わりに日付が記されている。日めくりカレンダーのように一日一話を読み、一年ですべてが読み終わるような構成になっているわけだ。もちろんお話は四季に合わせて並んでおり、季節感を重視して編集されている。

ウチにはなぜか「冬の巻」しかなかったが、この巻には一二月から二月にかけてのお話がまとめられている。どれも寒い冬の夜にぬくぬくと暖かくした部屋で読むにはピッタリで、もちろんクリスマスやお正月に関連した物語も多い。

『正ちゃんの出初式』は「一月六日」に読むお話として掲載されていた。著者は柏木ひとみ。小学館や講談社などで名作童話の抄訳版などを手がけていた作家らしい。読みなおしてみると、いわゆる「夢オチ」だった。今となってはどうして四〇年以上も記憶に残っていたのかと不思議に思える無難なお話だが、やはり未来のロボット消防団が魅力的だったのだろう。

パラパラとめくってみると、そのほかにも記憶に残っているお話が目白押しで、カラフルな挿絵の多くが脳に刷り込まれている。かなり長い間、僕はこの本のお世話になっていたらしい。

驚くのは、そのバリエーションに富んだ内容。国内の創作童話や昔話、『白雪姫』や『ピーターパン』など欧米の超メジャー作品、伝記や詩までが並んでいる。本文一ページ、絵が一ページというのが基本フォーマットなので、『ピーターパン』などをたった一ページに要約するのはさぞかし大変だったろうなぁと思うのだが、それなりにうまくまとめられている。

五〇人近くの画家が挿絵を手がけており、このあたりもおもしろい。七〇年代当時の児童文学の挿絵のさまざまなスタイルを一望できるカタログのようで、眺めているだけで懐かしい気分になれるのである。

絵本と昔話

誰もが夢中になる特別な魅力
愛され続けるロングセラー絵本!

『からすのパンやさん』

加古里子・著・絵
偕成社(かこさとし おはなしのほんシリーズ)
1973年

幼少期にもっとも好きだった絵本だ……なんてことを僕が言うまでもなく、世代を超えて多くの人が「大好きだった絵本」の筆頭にあげる定番の作品。とにかく小さな子どもたちを魅了してしまう特別な力がある、というか、一種の中毒症状をもたらす絵本だと思う。

この本は「母親に絵本を読んでもらう」ということから卒業して、ようやく自分で読めるようになったころに買ってもらった一冊だった。「自力で読める！」というよろこびもあったのだろうが、とにかく毎日のように繰り返し読んでいた。母親があきれて「またそれ読んでるの？」と笑っていたほどだ。

最大の魅力は、これも本作のファンには言うまでもないことだが、なかほどにある多種多様なパンがズラリと描かれる圧巻のページ。子どもなら誰でもここで「うわーっ！」となって、食い入るように眺め続けてしまう。

子どもというものはなぜか「鯛焼き」とか「かにぱん」とか、「なにかの形」をしたお菓子や食べものに妙に惹かれてしまうものだが、このページには「かわったかたちのたのしいおいしいパン」が「これでもか！」という感じでギッシリと描かれる。

「グローブパン」「ゆきだるまパン」「おさかなパン」「かめパン」など、どこかのパン屋さんで本当に売っていそうなものから、「きょうりゅうパン」「ヘリコプターパン」「テレビパン」「じどうしゃパン」など、男の子が狂喜しそうなパン、さらには「てんぐパン」「でんわパン」「おちょうしパン」「のこぎりパン」「おそなえパン」など、「なんでその形にしたの？」とちょっと首をかしげたくなるような変なパンまで、小さな絵とキャプションでズラリと羅列され、眺めているうちになんだかウットリしてしまうのだ。

この絵本をなぜ繰り返し読むのかというと、とにかくこのページが見たいからなのだが、小さいころの僕にはこだわりがあって、「いきなりこのページを開いてはいけない」みたいな鉄則を自分に課していた。それではおもしろくない。もったいないのだ。ちゃんと最初のページからお話を読んで、ジリジリしながらページをめくって、ついにこの「パンがズラリ」のクライマックスがドーン!と現れるからこそ「うわーっ!」という気分になれるのである。

この特別な魅力はなんだろう? と考えてみると、たぶん子どもに、特に男の子にありがちな(といっても、この作品のファンには女性も多いのだが)「図鑑好き」「カタログ好き」という習性を刺激するのかなぁ……という気がする。少なくとも僕の場合はそうだったと思う。

小さなイラストとキャプションを並べてさまざまな種類の「世界のカブトムシ」を解説する「昆虫図鑑」のページとか、同じジャンルの「なにか」がズラリと並んでいる、というのが男の子はとにかく好きだ。七〇年代っ子が「拳銃図鑑」や「スーパーカー図鑑」に夢中になったのも、もちろんピストルやクルマの魅力にも惹かれたが、こういう図鑑特有のレイアウト自体に一種の快楽を感じていたのだと思う。

また、「カタログ感」も重要な要素だ。この『からすのパンやさん』のページに感じるよろこびに一番近いのは、かつてのクリスマスシーズンの新聞によく入っていたおもちゃ屋さんの折込広告を眺める楽しさだ。クリスマスプレゼント用にセレクトされたさまざまな玩具がギッシリと並ぶ広告は、眺めているうちに頭がボーッとしてくるほどに魅惑的だった。ああいう魔力が本作にもあふれていると思う。

ただ、この「図鑑・カタログ的」なページの魅力を支えているのは、やはりベースになっているお話部分のおもしろさだろう。カラスとは思えないカラーリングの四羽のカラスの子どもたちのかわいさ、やんちゃさはなんともイキイキしているし、傾きかけたパン屋を家族が一丸となって立てなおす展開には、なんだかミュージカルを眺めているようなワクワク感がある。

また、今回読み返して「そうだ、ここがよかったんだ！」と思い出したのが、できそこないのパンを子どもたちがおやつ代わり食べている場面。パン屋の子どもたちが店に出せない失敗作のパンを食べているのを見て、近所のカラスたちが集まってくる。子どもたちは「これはせかいじゅうで　おとうさんしか　やけない、めずらしい　おやつパンなんだぞ」と自慢するのだが、この「おやつパン」が「ちょっと変わったパンだけどおいしそう」ということになって、噂が噂を呼んで大ヒット。傾きかけていた店が盛り返していく。この「おやつパン」がとにかくおいしそうなのだ。単に焦げたパンなのだが、「ちょっと　にがいけど　こうばしい」などと書かれていて、このくだりを読むたびに心のなかで「食べてみたいっ！」と叫んでいた。

実際、読んだ直後はたいてい母親に「パンある？」などと言って、ありあわせのパンを食べていたと思う。もちろん普通の食パンやロールパンなのだが、それを「からすのパンやさんの『おやつパン』」の「つもり」で味わうのである。

日々と暮らし

不思議なバランスで綴られる日常のなかのファンタジー

『ちいさいモモちゃん』

松谷みよ子・著／菊池貞雄・絵
講談社 1964年
（同社「青い鳥文庫」からも刊行中）

松谷みよ子による幼年童話の代表作だが、とにかくこれはもう内容がどうのという以前に、本として最高レベルにカワイイ。日本児童文学史上、もっともキュートな装丁の本なのではないかという気がする。しかも、この人形劇風の表紙は妙に幼児期の記憶に残るのだ。表紙もステキだが、特に初期の巻には本文中に人形ジオラマを撮影したカラーページが含まれていて、これまた大人になった今見ても「うわぁ〜っ！」と声が出てしまうほどにカワイイのである。

「テレビ人形劇」の全盛期にギリギリ間に合った世代としては、こういう人形写真を使用した子ども向け商品に触れると、独特の郷愁を感じてしまう。七〇年代までは、「トッパンの人形絵本」シリーズなどの児童書や童謡集のレコードジャケットなど、多くの子ども向け商品に工夫を凝らした人形写真が多用されていたものだ。こうした習慣は七〇年代の後半にはすっかりなくなってしまったが……。

これから「モモちゃんとアカネちゃん」シリーズを手にする人は、「青い鳥文庫」ではなく、ぜひぜひ現行商品として今も売られるハードカバー版を。このシリーズは、やはりこの人形写真があってこそ、だと思う。ちなみに、人形ジオラマを製作しているのは、松谷みよ子のもと旦那さん、瀬川拓男氏が率いていた劇団太郎座。六〇年代には教育テレビの人形劇を数多く手がけていた劇団だ。

かつて僕の家にはこのシリーズが何冊かあったが、たぶん自分で読んだのではなくて、幼児のころに母が読んで聞かせてくれたのだと思う。それ以降、自分で読み返したことはたぶん一度もなくて、肝心の内容はほとんど覚えていなかった。本書を書くためにあらためて読んでみたのだが、なんとも不思議なバランスのファンタジー（なのかな？）で、「え？　こんな話なの？」

とビックリしてしまった。

比較的日常的な子どもの成長物語だった……という印象があったのだが、日常を舞台にしながら、思いっきりファンタジックなできごとが起こりまくる。動物はもちろん、冒頭からガムやソフトクリームやカレーの材料などが自由に動きまわってしゃべりまくるのだ。

で、このファンタジーの領域には境界も原則もない。たとえば「子どもだけが動物と会話可能」といった形でのルールや法則がないのだ。お母さんも平気でモノやネコと会話するし、この家族だけにファンタジー世界が見えているのかと思いきや、保育園の先生が「モモちゃん」の家に電話をかけてきて、留守番をしていたネコの「プー」と普通に会話をしたりする。

どうやら、この世界全体がこういう状態らしく、日常とファンタジー世界がシームレスに溶け合っているのだ。もちろん児童文学にはそうした作品もたくさんあるが、細部はそれなりに現実的で、後に離婚といったリアルな問題が描かれるだけに、この独特のバランスにクラクラしてしまう。

たぶん、小さな子どもはなんの抵抗もなく、この不思議な世界を受け入れられるだろうし、子育て中のお母さんにとってはこのファンタジーこそがむしろリアルなのかもしれない。

きっと自分もすんなりと受容できた時期があったのだろう。特に「モモちゃん」が怒ったり、ワーッと泣いたりする場面を読むと、自分のどこかにほのかに残っている幼児期の感覚がチクッと刺激されるような気がする。

子どもたちを魅了しつづける傑作ロングセラー絵本!

『ぐりとぐら』

中川李枝子・著／大村百合子・絵
福音館書店 1967年

中川李枝子&大村（山脇）百合子コンビによる言わずと知れた傑作絵本。傑作として知れ渡りすぎていて、いまさらなにかを語るのが難しいほどだ。「世代を超えて親しまれる」という言葉が、これほどふさわしい作品もほかにないだろう。

　現在も子どもたちの超定番絵本として君臨しているが、なぜこれほどまでに子どもたちを魅了しつづけるのかといえば、もちろん動物たちの仕草のかわいらしさや、シンプルだけど個性的ななテキスト、特にあの「ぐり　ぐら　ぐりぐら」という歌の楽しさなど、魅力はいっぱいあるものの、やはりあの黄色いカステラの殺人的なほどの「おいしそう！」感に子どもたちはヤラれてしまうのだと思う。

『ちびくろ・さんぼ』などもそうだが、幼いころに読んだ絵本に出てくるおいしそうな食べものは強烈に心を刺激するもので、それが現実ではあり得ないほど「でっかい！」ということが子どもにとってはさらにたまらないらしく、脳内に一生消えないほどの印象を残す。僕も『ヘンゼルとグレーテル』の絵本で初めて「お菓子の家」を見たときの「うわーっ！」と叫びたくなるような狂おしい気持ちは、いまだに生々しく覚えている。

特に『ぐりとぐら』のカステラは、シンプルな絵なのになぜか質感がリアルで、フカフカ感というかシットリ感というか、感触や食感や香りまでがダイレクトに伝わってくる。あの巨大鍋で作ったまあるいホカホカのカステラをちぎって、あの動物たちのように手づかみで食べたらさぞかし……なんて思えば、子どもじゃなくてもワクワクしてしまうのだ。

……などということはすでに語り尽くされているので、ここでは本作にまつわるごく個人的な思い出を語ってみたい。いや、あんまり本作にまつわってもいないかもしれないのだけど。

僕は小学生時代にボーイスカウトに入っていたのだが、隊のリーダーに「小倉さん」という人がいた。で、僕が所属していた班の次長に「小栗さん」という先輩がいたのだ。

リーダーの「小倉さん」は無口でおとなしい青年だったが、先輩の「小栗さん」はちょっと強面。当時でいうところの「ツッパリ」だ。怒らすと怖いが、妙に愛嬌もあって、いわゆるイジられやすいキャラだった。

後輩の僕らもよく彼をからかって遊んでいた。彼はスポーツ刈りだったので、「ねぇ、イガグリ先輩！」とか「おい、ハゲ先輩！」とか呼ぶと怒って追いかけきて、頭をポカリとやられる。

が、ポカリでは済まなくなる禁句があった。それが『ぐりとぐら』なのだ。「小栗さん」がリーダーの「小倉さん」と一緒にいるときを見計らって指をさし、「あっ！『ぐりとぐら』がいる！」と叫ぶ。これをやると「小栗さん」はなぜか本気で激怒し、「二度と言うんじゃねぇっ！」とマジで殴りかかってくるのだ。それで泣かされてしまった子もいた。めちゃめちゃ怖かったが、しかし、「小栗さん」と「小倉さん」がそろっているところを目にすると、僕らもガマンできずにウズウズしてしまう。そして、つい誰かが「『ぐりとぐら』だ！」をやらかし、そのたびに流血事件が起こった。

今思えば、『ぐりとぐら』は「小栗さん」のトラウマだったのだろう。たぶん小学生時代、みんなから『ぐりとぐら』絡みで、さんざん名前をからかわれてきたのだと思う。このことからも、いかに本書が当時の子どもたちの間に広く浸透していたかがわかる……かどうかはわからない。

リアルかつシュールに描かれる「きかん坊」の痛快な日常

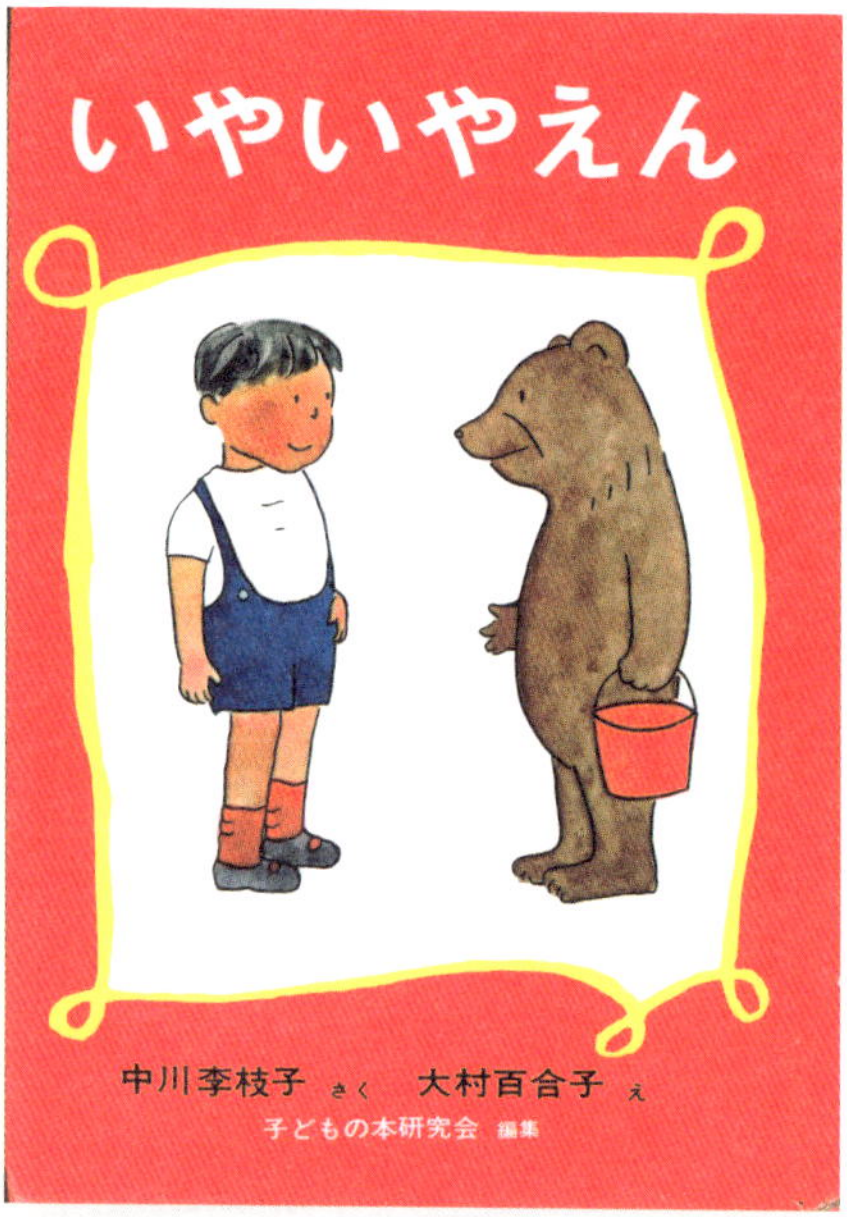

『いやいやえん』

中川李枝子・著／大村百合子・絵
福音館書店1962年

『ぐりとぐら』の姉妹コンビによるベスト＆ロングセラーの幼年童話。発表時にはとにかくその斬新さが各方面で高い評価を受けて、あの宮崎駿も「衝撃を受けた！」とコメントしていることでも知られる一冊だ。

僕は自分で読んだのではなく、幼児期に母親に読んでもらったか、幼稚園の先生に読み聞かせてもらったのだと思う。その後、たぶん一度も再読していなかったが、とにかく「おもしろかった」「好きだった」という記憶が残っている。

……のだが、『ちいさいモモちゃん』について書いたときも痛感したけど、こういう幼児向けのお話に関して大人になってからなにかもっともらしいことを言うのは、とにかく難しい。

幼いころの記憶に残っている「おもしろかった」「好きだった」という感覚が、大人になってあらためて読んでみるとなんだか雲散霧消してしまって、なにがおもしろくて、なにが好きだったのかがわからなくなってしまう。

たぶんではあるが、幼児期に『いやいやえん』を読んで「好き！」と思ったのは、当時のほかの作品にはあまり登場することのなかった「自分の同類」が主人公だったからだと思う。つまり、大人から何度同じことを注意されようと決して態度をあらためず、いっさい反省もせず、常時マイペースでワガママな「ガキ」が好き放題にやらかしまくるお話、というところに自由と解放感を感じたのだろう。主人公が成長もしないし、学びもしないというところが、おそらくとても「痛快！」だったのだ。

もうひとつの魅力は、各エピソードに漂うスリルというか、一種の恐怖だ。周囲の大人には底知れぬ悪意を持つ者もいる……といった感じのオオカミの話も、最後は警察騒ぎになってしまうところなどが妙にリアルで怖いし、シレッと日常にクマが現れる「やまのこぐちゃん」の話もなにやらシュールで怖い。動物園の猛獣に取り囲まれる話も怖いし、なんといっても禁断の地「黒い山」はめちゃめちゃ怖い！

……考えてみたら最初から最後まで怖い話ばっかりじゃないか！　という気もしてくるが、やはり一番怖いのはラストの「いやいやえん」のエピソードである。ここはやっぱり今読んでも独特で、だいたいあの園長のおばあさんは何者なのか？　それに、この園に集まっているのは、いったいどういう素性の子どもたちなのか？

この超放任主義の保育園は、なんらかの矯正施設のようにも見えるし、六〇年代アメリカ西海岸のヒッピーたちのコミューンのようにも見えるし、あるいは正体不明の「魔女」に率いられた謎の秘密結社のようにも見える。

なにがあっても動じない「しげる」も、この「いやいやえん」の入園体験には動揺する。最後は「やっぱりちゅーりっぷほいくえんのほうがいい」と矯正されてしまう、いや、学習してしまうのだ。「きかん坊」の敗北である！

……なんてことを考えてしまうのは、やっぱり自分がアホな大人になってしまっているからで、幼児は幼児のバランス感覚でこのお話を自然に楽しむのだろう。実際、小さな子どもが大声で笑いながらよろこびそうな場面の連続だ。

しかし、やはり気になるのである。「しげる」が法と秩序に縛られた一般社会へ去った後、あの「いやいやえん」はどうなったのか？

実は今もどこかにあって、あの謎めいたおばあさんはアウトサイダー的な子どもたちとともに、今日も「究極のアナキズム」を追求し続けているのではないか？　怖いっ！

自然と科学

一滴の水がめぐる長い旅
波乱万丈の冒険物語！

『しずくのぼうけん』

マリア・テルリコフスカ・著／ボフダン・ブテンコ・絵
内田莉莎子・訳
福音館書店 1969年

六〇年代から版を重ねるロングセラーの科学絵本。一滴の「しずく」の女の子（?）を主人公にした冒険物語をモチーフに、水の循環を楽しく学べる絵本だ。

シンプルで大胆なイラストと内田莉莎子の小気味のよい七五調のテキストで、波乱万丈、危機一髪のシーンが連続する「しずく」の長い旅が描かれる。水蒸気になって雲へ、そして雨として地上に戻って川へ流され、岩の割れ目で氷の粒となってしまい……というストーリーは、まさに一難去ってまた一難。これを読むと「水として生きていく(?)のもいろいろと大変なんだなぁ」などと思ってしまう。

この本には忘れられない思い出がある。園児時代、近所にK君という友人がいて、彼のお母さんが当時の典型的な「教育ママ」だった。

みんながK君の家で「野球盤」や「魚雷戦ゲーム」などでワイワイ遊んでいると、そのお母さんが必ず子ども部屋に入ってきて、「さぁ、みんな、もっとためになることをしましょう!」などと言う。で、野村トーイの「ロンパールーム」シリーズの知育玩具や、当時流行していた「レキシィデータ」(学習マシン)を無理やりあてがわれたり、教育テレビの科学番組や『ひらけ!ポンキッキ』を鑑賞させられたり、学習絵本の読み聞かせを強制的に聞かされたりした。

K君が「いいよ。ほっといてよ」などと言おうものなら、「だったらウチから出ていきなさいっ!」と、顔を真っ赤にして烈火のごとく怒るのだ。今考えると本当にスゴいお母さんだ。

この本も、そのお母さんの「強制的読み聞かせ」によって知った。しかも、ひとしきり「くだらない遊びはするな!」と怒られ、みんながジッとうつむいてシ〜ンとしている最悪な雰囲気のなかで、K君のお母さんが絵を見せながら僕らに読み聞かせてくれたのである。

その異常な緊張感のなかでは、『しずくのぼうけん』のユーモラスな絵や文章は、なぜか困惑するほどにおもしろい。普通の状態で読むなら声をあげて笑うような箇所は特にないのだが、絶対に笑うわけにはいかないお通夜のような状況下では、この本は耐え難いほどおもしろいのである。しかも、さっきまで怖い顔でお説教していたK君のお母さんが、「しずく」の女の子のかわいい声色でセリフを言ったりするので、笑うなという方が無理だ。

「しずく」が「うひゃ～」という感じで雲から地面に落ちたり、川に流されたりする場面が出てくるたびに、僕らはプッと吹き出してしまう。するとすかさずK君のお母さんはギロリと怖い目になって、「なにがおかしいの？　私、なにか変なこと言いましたか？」と釘を刺す。僕らはギュッと身をかたくして、笑いを思いっきり噛み殺しながら下を向いて首をふる。しかし、すぐにまたプッと吹き出してしまうようなおもしろい場面がやってくるのである。

これを繰り返しているうちにK君のお母さんはついに本気で怒りだし、「もういいですっ！　マジメに聞けないなら、あんたたちに教えることはなにもありませんっ！」と途中で本をバシッ！と閉じ、スタスタと出ていってしまった。

だから、このときの僕らはこの本の最後がどうなるのかわからないままだった。

……それにしても、K君は元気でやってるかなぁ？

絵本と昔話

ホットケーキの甘い記憶と80年代の“絶版事件”

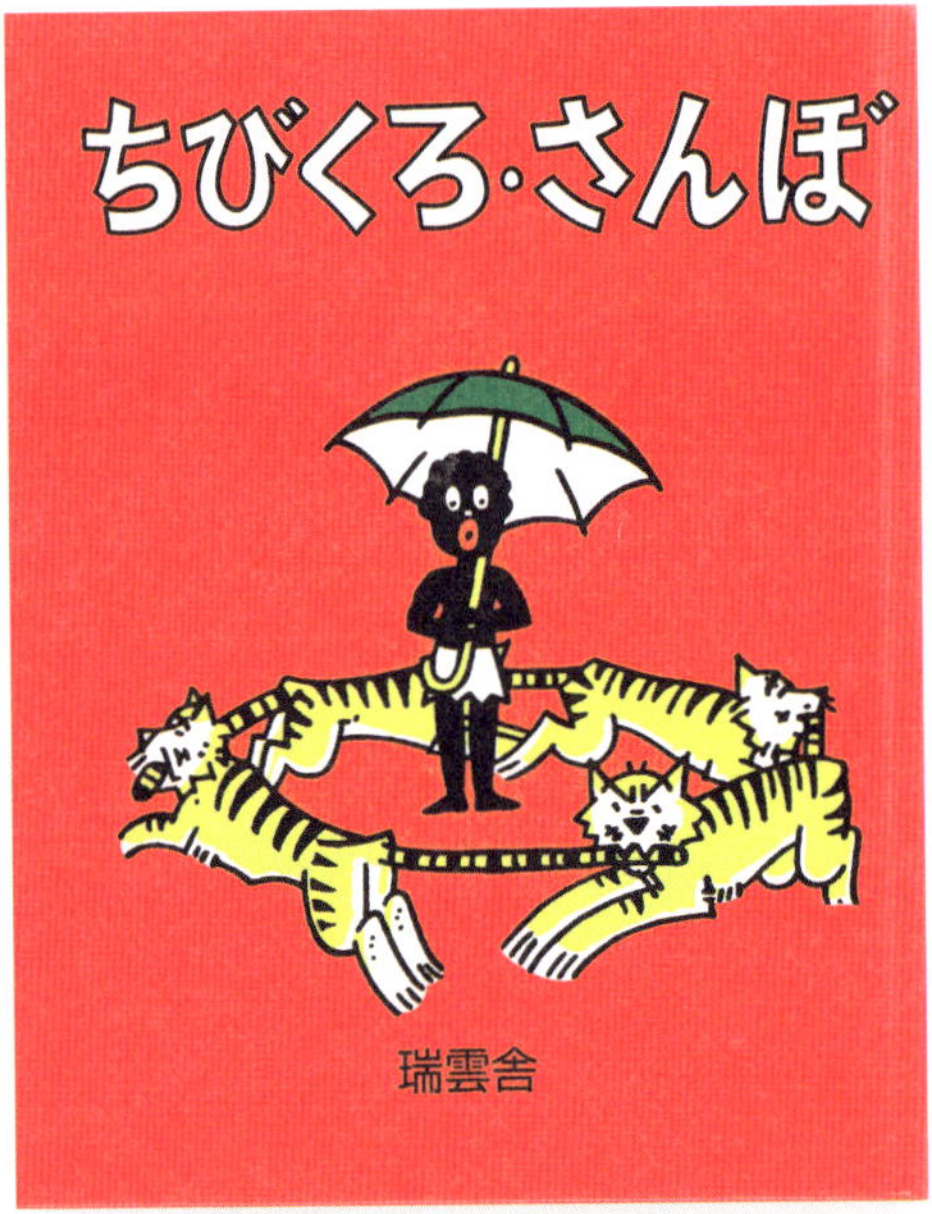

『ちびくろ・さんぼ』

ヘレン・バンナーマン・著
フランク・ドビアス・絵／光吉夏弥・訳
瑞雲舎 2005年
(岩波書店より1953年に刊行。瑞雲舎より2005年に復刊)

「読んでいない人はいない」と言ってもいいほどの定番絵本だが、特に僕ら世代にとってはなにかと語りにくいというか、語ろうとすればいろいろとめんどくさいことに触れなければならない作品のひとつだ。

そもそも本作はスコットランド人のヘレン・

バンナーマンが、一九世紀の末に自分の子どもたちのための自家製絵本として書きあげたもの。文章も絵も彼女自身のものだったが、各国でさまざまな改変が加えられた絵本が刊行される。日本では一九五三年、アメリカ版の絵本に基づいた翻訳が岩波から出された。原典ではインドが舞台だったがアフリカ（らしき国）に置き換えられ、絵はフランク・ドビアスが描いている。この岩波版が大ベストセラーとなって、以降、日本では定本のような形になった。

まず、めんどくさいことのひとつは、日本でも岩波のほかに各社がさまざまな形で刊行していたこと。一時期は五〇種ほどの本が流通していたらしい。そもそも岩波版も原典をアメリカ風にアレンジしたものだが、これをさらに日本の子ども向けにアレンジしたものが無数に流布したため、昔話や民話と同様、「懐かしい一冊」としては非常に特定しにくい。文章も挿絵も、個々人の記憶によってまったく違うのである。

こうした状況は、つまりは本作がそれほど絶大な人気を得ていたということで、確かに子どもも心を絶妙にくすぐるお話だ。なんといっても、あのホットケーキのくだり！　木の周りを走るトラがフニャフニャと溶けてトロトロのバターに変わり、それを使ってフカフカのホットケーキを大量につくる。シュールかつ若干ブラックな印象もある展開だが、子ども的には理屈抜きに「わ〜いっ！♡」なのである。読むたびに必ずホットケーキが食べたくなる。岩波版では「さんぼ」が一六九枚ものホットケーキをたいらげるが、各種アレンジ版でも、最後のページには必ず高く高く積み重ねた焼きたてのホットケーキの挿絵が掲載されていた。あそこで誰もがウットリしてしまう。

幼少期の僕は、おやつにホットケーキが出てくると「これはトラでつくったホットケーキなんだ！　森永の粉じゃないんだ！」と自分に言い聞かせてから食べていた。この自己暗示がうまくいくと、「森永ホットケーキミックス」でつくった普通のホットケーキのおいしさが本当に倍増するのだ！（個人差があります）

ところが一九八八年、突如「さんぼ」は「一斉絶版」となり、すべての版が書店から回収された。書店だけではなく、図書館の棚からも消えた。「黒人差別を助長する悪書」として「読んではいけない本」と目され、各版元が「自粛」という形で絶版にしたのである。詳細は省くが、その後、これに対抗する運動と世論が高まって、現在はいくつかのタイトルが復刊・刊行されている。

僕には、あの絶版騒ぎはトラがバターに変わる以上のトンデモ展開としか思えなかった。現在のモラルやら価値観やらを過去の文学にまで適応し、「不適合」の作品をすべて単純に「抹殺」していくなら、文学史はあっという間にカラッポになってしまうだろう。各種民話やギリシャ悲劇やシェイクスピアの戯曲や源氏物語も、「女性差別だ！」「ワイセツだ！」「生命の軽視だ！」ってことで「自粛」になりかねない。

当時、僕は大学生だったが、径書房から出て話題になっていた『「ちびくろサンボ」絶版を考える』を慌てて買って熟読したのを覚えている。

絵本と昔話

幼児も大人も魅了!
安野光雅ならではの幻惑的世界

「大人になっても絵本が大好き」という人はたくさんいるが、僕はどうもダメで、子どものころに好きだった絵本もめったに読み返すことはない。一定の年齢に達してからは、絵本の読み方がわからなくなってしまったというか、「子どものころはどんなふうに読んでいたんだっけ?」

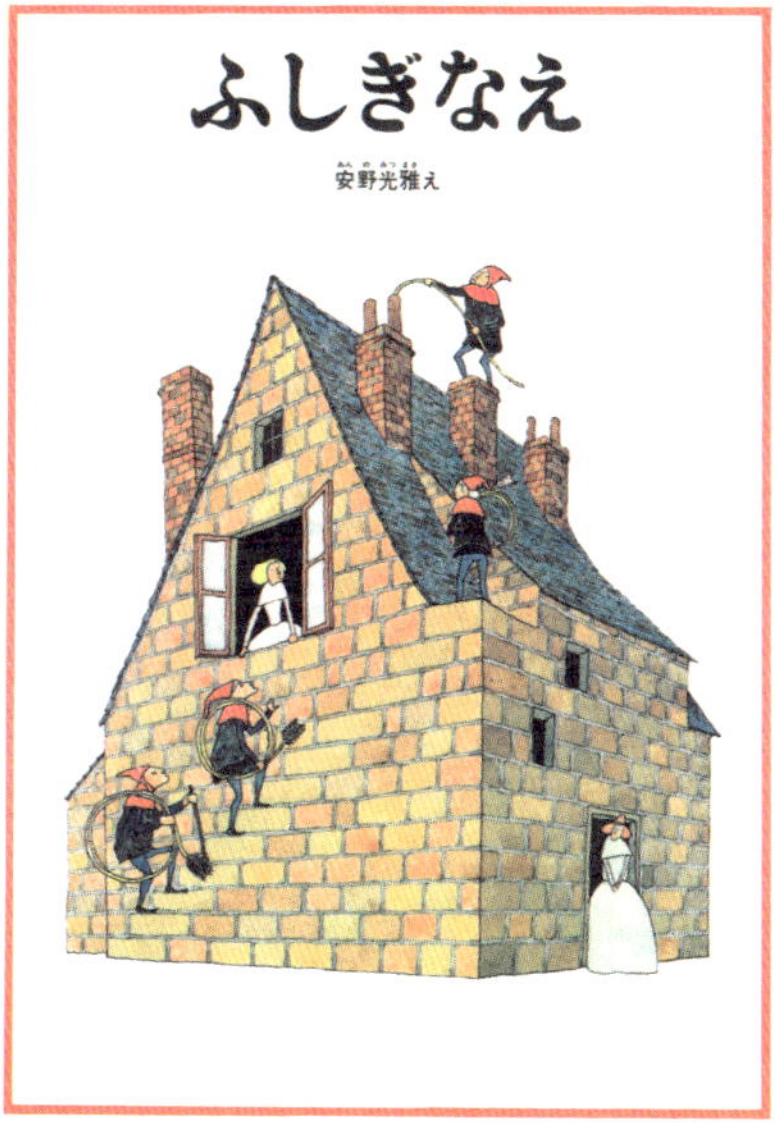

『ふしぎなえ』

安野光雅・絵／福音館書店1971年

という感じで、なんだかページをめくる手がわざとらしくなってしまうのだ。

絵をチラッと眺めて、あとはザーッとテキストを読んで、五分くらいで読み終わってしまう。で、「あ、絵本はこんな〝効率的〟な読み方をするものではないんだ。もっとちゃんと絵を〝鑑賞〟しなければ」とハタと気づいて、もう一度最初のページを開いて、今度は絵をじっくりと眺めながら読んでみようと努力する。

しかし、どうにも手持ち無沙汰というか、もてあまし気味というか、ただ絵をジーッと「鑑賞」していることにムズムズしてきて、なんだか「絵本を読む人」を必死で演じているかのような居心地の悪さに襲われてくる。

大人がさりげなく絵本を読むのは本当に難しい、とつくづく思う。

安野光雅の作品は、僕が大人になってからもごく自然に読み返すことのできる数少ない絵本だ。大人っぽい内容のものが多いから、というのもあるのだろうが、いや、僕ら世代は物心がついたころから彼の絵本には親しんできたし、子ども時代にもその魅力を充分に感じていた。「この本はほかのとは違うなぁ」という感覚は、年端のいかぬ子ども時代にも抱いていたのだと思う。

それ以前にも『こどものとも』や『かがくのとも』などで彼の絵は目にしていたのかもしれないが、初めてちゃんと意識したのは小学校の一年生のとき、学校の図書室で『ふしぎなえ』を見つけたときだった。

『ふしぎなえ』と『ふしぎなさーかす』は図書

室でも人気の本で、「自由読書」の授業のときなどは多くの子が眺めていた。文字のない本なので「めんどくさくない」というのもあったと思うが、しかし、これらの本にはそれこそジーッと眺めて「鑑賞」せざるを得ないような、心が吸い込まれてしまうような魅力があったのだ。

錯覚からくる幻惑を引き起こすような、あるいは物理法則を軽々と超越してしまうような、いわゆる「エッシャーのだまし絵」的なものは、当時の子ども文化ではちょっとしたブームで、よく児童雑誌や「科学読みもの」の小ネタとして掲載されていた。だから僕らは安野光雅の『ふしぎな……』シリーズには最初から親しみを持っていたし、「あ、エッシャーみたいなやつか」という感じで手に取っていたのである。

しかし、安野作品にはやはり安野作品ならではの魅力があって、エッシャーの絵もリアルな悪夢みたいで怖いが、『ふしぎなえ』や『ふしぎなさーかす』には、それとは別種の、もっと微妙な「変な感じ」があった。それがおもしろかったのだと思う。悪夢というより、本来は人間が見てはいけない小人や妖精の不思議な世界を、物陰からこっそり覗いているような感じ、と言えばいいのだろうか。見える光景はそれなりに楽しげなのだが、どことなく秘密めいていて、ページの上のとんがり帽子の小人たちに覗き見していることを悟られないように、知らないうちに息を殺してしまうような、ほのかな緊迫感がある。言葉が書かれていないので、その世界は終始シーンと静まり返っていて、絵を眺めているうちに耳の奥でキーンという耳鳴りが聞こえてきそうな気がしてくる。

絵本を卒業する年齢になってからも安野作品をなんとなく読み続けていたのは、あの独特の「変な感じ」が楽しかったからだろう。

『はじめてであうすうがくの絵本』も『赤いぼうし』などもおもしろいし、眺めているだけで本当にクラクラしてくる『もりのえほん』も楽しい。ちょっと毛色の違う『きつねのざんげ』なども好きだが、特に「スゴいっ！」と思ったのが、すっかり大人になってから出会った『天動説の絵本』だった。

この本は読者を一度「人間が地球は丸いことを知らなかった時代」に強制的に引き戻し、そのうえで地動説発見の衝撃を追体験させるという機能を持つ、非常に挑発的な絵本だ。

「……『地球は丸くて動く』などと、なんの感動もなしに軽々しく言ってもらっては困るのです」

安野氏による「あとがき」の一説を読んで、「ああ、やっぱりこういう人なんだなぁ」と妙に納得してしまった。世界を常に新鮮なものとして再発見しつづけること。思えば、彼の作品はみんな同じ機能を持っているような気がする。

『天動説の絵本
てんがうごいていたころのはなし』
安野光雅・著・絵／福音館書店1979年
一応は「科学絵本」なのだが、唯一無二の凄味と迫力を持つ作品。中世の絵画のようなタッチで占星術や錬金術の時代が描かれ、そこから「科学」が立ちあがってくる際の「驚きと悲しみ」を描く

ワガママ、泣き虫、意地っぱり 紙製ロボットの「困ったちゃん」

『ロボット・カミイ』

古田足日・著／堀内誠一・絵
福音館書店 1970年

七〇年代の昭和男子はとにかくロボット好きだ。図書室でもタイトルに「ロボット」がつく作品は大人気。僕もひと通りは読んだと思う。

この『ロボット・カミイ』のほか、星新一の『きまぐれロボット』、大石真の『さあゆけ！ロボット』などが印象に残っているが、人気に比べて本の点数が少なく、ロボット関連本はまさに「引っぱりダコ」状態だった。

当時は、どうしてもっとたくさんロボット関連の本がないのかなぁと思っていた。ロボットを主人公にした絵本や物語なら、たとえ多少つまらなくても、絶対に大人気になるのに……と。

しかし、今思えば、ロボットというものは当時の「正統」な児童文学が手を出しにくいテーマだったのだろう。ロボットブームは一九七三年に放映開始されたアニメ『マジンガーZ』を起爆剤として起こり、その後の男の子文化のメインストリームとなった。文学の側からすれば、マンガ、アニメ、SF小説など、「下位」と見なしていた、あるいは「軽視」していたサブカルチャー側のブームに迎合して乗っかるわけにもいかなかったんじゃないのかな?

もともとロボット=人造人間をめぐるアレコレは、欧米ではホフマンやメアリー・シェリー、いや、ゴーレムの神話時代にまでさかのぼる古典的な文学的テーマだが、当時の日本ではサブカル側に任せっきりだった。で、ロボット観(?)については、サブカル側と「正統」な文学側の間にとてつもない落差ができてしまっていたと思う。

その落差は当時の子どもたちにも一目瞭然で、僕らはロボットが登場する絵本や児童文学を読むたびに、「なんだこりゃ?」という落胆を味わった。当時、サブカルの側のロボット観は急速に多様化していて、その掘り下げ方もさまざまな形で深まっていた。それらに耽溺していた僕らにとって、絵本や児童文学のロボットは、デザインはもちろん、課せられた役割も、担わされたテーマも異様なほど古臭く、あまりに図式的で、どれも「おじいさんが考えた一昔前のロボット」のように見えてしまったのである。

この『ロボット・カミイ』もそういう印象で、正直、あまり好きにはなれなかった。

読んだのは一年生のときだ。冒頭、紙の箱でつくった「カミイ」が動き出すくだりは、子ども的にはもうワクワクである。牛乳パックなどでつくったロボットを眺めながら「動けばいいのになぁ」と願うのは、当時の男の子たち共通の夢だ。が、ワクワクできたのはそこまでで、その後はひたすらワガママで駄々をこね続ける「カミイ」に、ただイライラしていた記憶がある。トンチンカンぶりは「ロボコン」以下だ。

しかし、先ごろ読み返してみて「ああ、そうだったのか！」と納得してしまった。本作はロボットの話ではなく、小さな子どもをめぐる物語なのだ。当時はぜんぜんわからなかったが、自分勝手でワガママで、そのうえ泣き虫で意地っぱりな「カミイ」はどこにでもいる園児であり、「生みの親」の「たけし」と「ようこ」が、一種の疑似夫婦のような形で保護者となって「子育ての苦労」を追体験するのである。

この作品は子育て中の親が読んでちょっぴり解放感を味わえる作品なのかもしれない。あるいは、小さな子どもが親の苦労を悟るきっかけとなる教育的絵本なのかもしれない。まぁ、当時の僕はそういう読み方はまったくできなかったけど……

絵本と昔話

♪いばっているのは人間だけだ！
森を守るオバケたちの大活躍

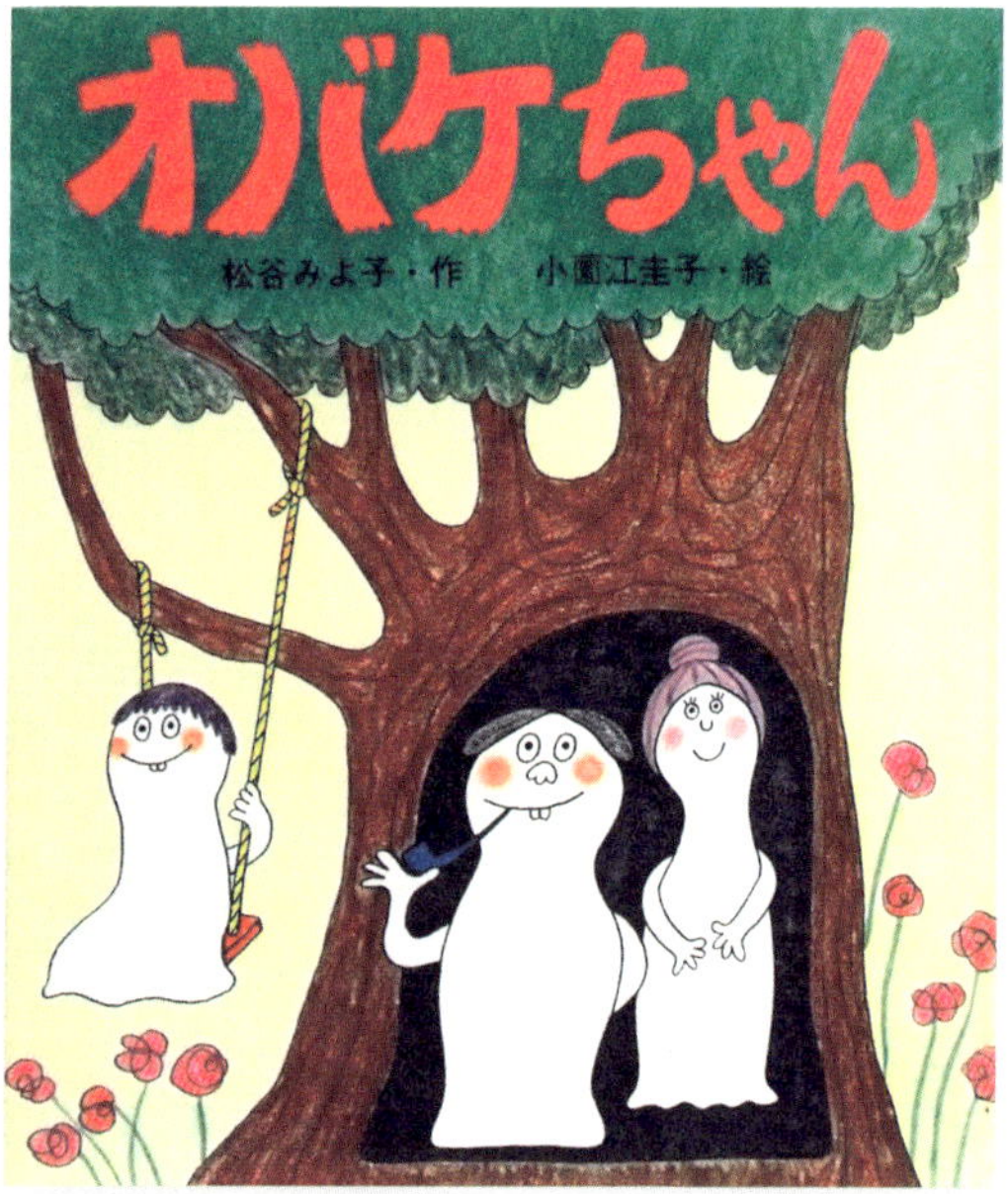

『オバケちゃん』

松谷みよ子・著／小薗江圭子・絵
講談社 1971年
（後に「講談社青い鳥文庫」「講談社文庫」からも刊行されたが絶版。現在は挿絵を差し替えた新装版が刊行中）

子どものころに「好きだった」という記憶しかない絵本である。何度も読んだはずなのだが、どうしても『バーバパパ』シリーズと記憶が混線していて、正確な内容はほとんど覚えていなかった。

「どんな話だっけ？」と思いながら読み返した

が、物語の序盤、「おばけジュース」という単語を目にした途端、口のなかに突然シュワシュワとした不思議な感覚がよみがえってきた。「あれ？　なんだ、この感じは？」というタイムスリップ感に襲われてクラクラした直後、一気に園児時代の記憶を思い出した。

僕ら世代の子ども時代、すでに「粉末ジュース」市場は、一九六九年に発覚した人工甘味料問題が大騒ぎになって、急速に縮小していた。大人気商品だった「ワタナベのジュースの素」などもすっかり「健康を害する商品」というイメージが定着し、かなり低迷していたのだ。

しかし、それでもまだかろうじてスーパーには「粉末ジュース」売り場が設置されていて、チクロなど不使用の「安全版」の「粉末ジュース」が並んでいた。

僕もおやつによく飲んだ。あのシュワシュワした炭酸の刺激と、なんともケミカルな独特の甘さは、通常の缶や瓶の炭酸飲料とはまったく違っていた。「粉末ジュース」ならではの味わいだったのである。当時のフレーバーはだいたい三種。黄色いオレンジと、グリーンのメロンと、赤いストロベリー。あのチープで毒々しい色あいも魅力的だった。

で、当時の僕は、どういうわけか黄色いオレンジを「妖怪ジュース」、緑のメロンを「怪獣ジュース」、赤いストロベリーを「おばけジュース」と勝手に称していたのである。周囲の友達にもその呼称を推奨し、近所の子どもたちの間でも普及していた。

そのことは覚えていて、以前に別の本で「粉末ジュースの思い出」に関する原稿を書いたときも考えてみたのだが、なんで園児時代の自分が「粉末ジュース」にあんな意味不明の名前をつけていたのか、さっぱりわからなかった。

四〇数年ぶりに『オバケちゃん』を読み返し、「おばけジュースの元ネタはこれだったのか!」と、ようやく納得できたのである。

読んでみて、これは確かに子どもを魅了するアイテムだなぁと思った。「ママおばけ」がつくる特製の「おばけジュース」は、飲んでいるうちに味も色もコロコロと変化する。ひと口飲むたびに色は虹のように変化し、味はレモンからメロン、そしてイチゴに変わっていく。

「オバケちゃん」がコウモリの「チータ」と一緒に「おばけジュース」を味わう場面は、子どもも的にはたまらないだろう。当時の自分がこのジュースに憧れるあまり、「粉末ジュース」を「おばけジュース」の「つもり」で飲む遊びを考案したのもうなずける。

物語も素晴らしい。言ってしまえば典型的なストーリーで、六〇~七〇年代に量産されたたいかにも「戦後民主的」なお話だ。人間の文明によって辺境に追いやられた「人ならざるもの」たちが、「自然」を象徴する存在として人間たちにささやかな復讐をする……といったもので、水木しげるの『ゲゲゲの鬼太郎』などで育った当時の僕らにもおなじみの展開。

しかし、物語の細部とキャラクターに魅力があふれ、オチのつけ方も最高だ。「おばけパパ」「おばけママ」の親世代もちゃんと大活躍するし、「オバケちゃん」「チータ」の子ども側の世界も等分に描かれる。脇役の人間たちも魅力的で、しかも今の大人が読んでもちゃんと笑える。「大人も子どもも楽しめる」というのは、こういう絵本のことをいうのだろう、と思う。

そして、人間を脅かすことに失敗し、「畏《おそ》れ」すらが「金もうけ」に取り込まれていくシステムを前に、「人間ほどおそろしいものはない」と絶望する「おばけ」たち。そこに突如として登場する「宇宙お化けセンター」なる存在！ このなんともいい加減な展開がいいのだ。

センターからの助言を受けて、「おばけパパ」は「おもいをこらす」という「おばけ」の本分を思い出す。「おばけ」の「おもい」は結局のところ「怨念」なのだ。それを再獲得する「おばけパパ」は、真に本来の「恐怖の存在」という本分に立ち返って目的を遂行する。ここはシャレじゃない。「おもいをこらせ」は、勝てない相手に戦いを挑むときの鉄則だ。こういうところが松谷みよ子だなぁ……！

別項で紹介する『死の国からのバトン』も「おばけ」を通じて「おもいをこらせ」という言葉の意味を語る作品だが、ここではそれが痛快に、爽快に、「わぁ、いいなぁ！」と叫び出したくなるような多幸感とともに表現される。

小薗江圭子の絵もステキだ。数カ所に挿入される絵のみの見開きページは、大人も「わぁ！」と声をあげてしまうほどの楽しさに満ちている。

教科書
掲載作品と
課題図書

どのくらい覚えてる？
国語の教科書でならったアレコレ

『光村ライブラリー 3
小さい白いにわとり ほか』

光村図書出版 2002年
（収録作『小さい白いにわとり』は主に60～70年代に1年生の教科書に掲載。『きつねの子のひろったていきけん』は70年代を通じて2年生の教科書に掲載された）

小学生時代の国語の教科書に掲載された作品のなかには今では入手困難なものも多いが、そうした「幻」の作品と手軽に再会できるのが光村図書の『光村ライブラリー』。同社の国語の教科書に掲載された作品を学年別にまとめたアンソロジーだ。全掲載作品が収録されているわけではないが、おおむね多くの人の印象に残っている作品がセレクトされている。

僕が小学校で使っていた教科書も光村。一年生のときの一九七四年度の掲載作品のタイトルを調べてみると、小さなころの記憶にはわりと自信がある方なのだが、意外なほどに覚えていない。『どうぶつえん』『ありとはと』『川のなかのうんどうかい』……このあたり、まったく記憶にない。なんとなく印象に残っているのは『赤いスポーツカー』と、中川李枝子の『くじらぐも』くらい。しかし『光村ライブラリー』で実際の作品をチェックしてみて、「あっ！」と思い出したのがウクライナ民話の『小さい白いにわとり』だ。これは妙に印象に残っている。

ニワトリ、ブタ、ネコ、イヌたちが麦のタネをまいてパンを焼くまでの工程が描かれるのだが、全作業を人（？）のよいニワトリがひとりでやるハメになる、というお話。タネをまくのも、麦をかるのも、粉をこねるのも、ブタ、ネコ、イヌは「いやだ、いやさ、いやだ」と言っていっさい手伝わない。この三匹が何度も繰り返す「いやだ、いやだ、いやだ」がおもしろかった。

ニワトリは文句も言わずにパンを焼くが、焼きあがったとたん、ほかの三匹は「食べる、食べる、食べる」と言いました……というところで唐突に終わる。通常ならほかの三匹がしっぺ返しを喰らいそうなものだが、そこは描かれない。この拍子抜けする感じのせいで不思議に印象に残っていたのだと思う。

園児時代に絵本で読んだのかと思っていたが、小学校の国語で習ったのか……。授業の内容はまったく覚えていないけど、たぶん先生は「ニワトリさんがかわいそう。ブタ、ネコ、イヌは悪い子!」みたいな方向の感想を持つように子どもたちを誘導したのだろうが、読後に残るモヤモヤ感こそが気になる作品だった。

もうひとつ、「ああ、これは好きだった!」と思い出したのが、松谷みよ子の『きつねの子のひろったていきけん』。

タイトル通り、三匹の子キツネが「ていきけん」を拾う話だが、キツネたちは「ていきけん」というものがよくわかっていない。これがあればどこへでも行ける「すごいおたから」らしい、と思っていて、それぞれが東京でのショッピングや北極旅行、隣町に行ってコロッケを食べたいなど、口々にかなえたい夢を語る。

これがおもしろいのは、読んでいる小一の僕らも「ていきけん」というものをあまりよくわかってなくて、ほとんど子キツネたちと同レベルで「へぇ、『ていきけん』ってすごいな」と思ってしまうところ。「油揚げなんて飽きたからコロッケが食べたい」とキツネが言うのもおもしろいし、今となってはセルロイドのカバーつき定期券なんていうのも懐かしいな。

しかし、大人になって読みなおすと、後半にサラッと登場する落とし主の人間の「むすめさん」が印象に残る。ほとんど説明はないが、「工場労働者」らしい。貧しいが、陽気でサッパリしていてシャレッ気があってカッコいい。なんだか映画『下町の太陽』の倍賞千恵子を思い浮かべてしまった。こういうところが時代だなぁと思うし、松谷みよ子らしいなぁとも思う。

教科書掲載作品と課題図書

時計から飛び出したいたずらっ子の二人組！

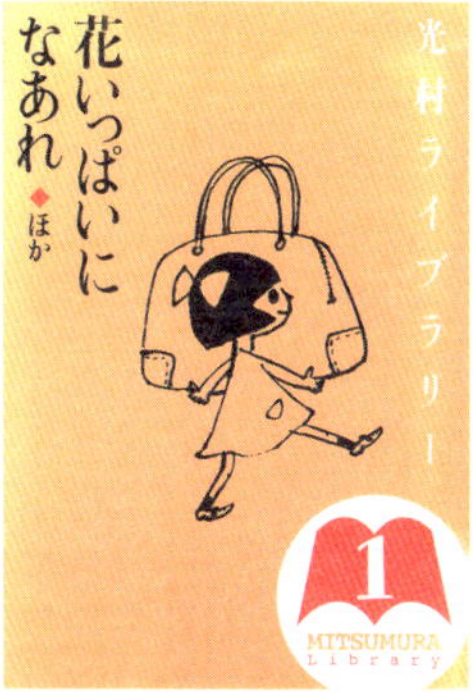

『光村ライブラリー1 花いっぱいになあれ ほか』

『チックとタック』
千葉省三・著／安野光雅・絵
光村図書出版 2002年
（『チックとタック』は主に60〜80年代の1年生の国語教科書に掲載された）

同世代の人に話を聞くと、教科書に載っていたお話で印象的なのは『チックとタック』だった、という意見が多い。小一の教科書に載っていたそうだ。調べてみると光村の『しんこくご』にも掲載されているので僕も間違いなく読んでいるのだが、いまひとつ記憶が曖昧だった。『チックとタック』と聞くと、僕の場合は石ノ森章太郎（とアシスタントたち）が『学研の科学』に連載していたマンガ『チクタク大冒険』を真っ先に連想してしまう。ペンギンみたいな宇宙人「チックン」と、相棒の帽子型ロボット「タックン」が活躍する物語で、『科学と学習』連載マンガのなかではズバ抜けて垢抜けた感じの絵柄だった。毎月楽しみにしてたなぁ。

……と、話題がそれたが、問題の『チックとタック』をチェックしてみたら、「ああ、これか！」と思い出した。特に挿絵の印象は強烈で、目にした途端、小一の担任だった「スミヤ先生」

の顔が浮かんだ。今思うと本当に女優のような雰囲気を持った人で、学校一の美人だったのだ。ほかのクラスの担任は陰険そうなおじさんと、怖そうな太ったおばさんばかりだったので、「一年二組の僕らは運がいいねぇ」と友人たちと語り合ったのを覚えている。「スミヤ先生」は、確か翌年には結婚退職したんだっけ？

……と、また話がそれた。『チックとタック』の挿絵は、かの安野光雅氏である。とにかくこの人の絵は子どもの記憶に残るのだ。派手でもないし、ポップでもないのだが、なんだかあの静謐なタッチは子どもの感性の隙間にスルッと入ってきて、そのまま消えない心象風景のようになってしまう。

お話も、これまた子どもの感性を刺激する。無数にある「小人譚」の典型だけど、ボンボン時計の内部に「小さな人」が住んでいて、夜中にこっそりいたずらしているというのは、子どもにとっては「おもしろ怖い」。ウチには大きな柱時計などなかったが、幼児のころ、自動販売機の内部に「人のようなもの」が入っているのではないかと不安になったことを思い出す。

昔のジュースの自動販売機は、お金を入れてボタンを押すと、なぜか必ずギギギ！と変な音がして、機械がかすかに振動した。あのギギギ！が怖かった。機械音というには妙に野蛮な感じの音で、内側から爪を持った小動物がなにかを引っ掻いてるような感じだった。

真夜中になると、自動販売機のなかから小さな「人のようなもの」が出てきて、次の係の「人のようなもの」と交代したりしてるんじゃないか？　などと考えて、おかしな気分になった。

教科書掲載作品と課題図書

イシダイの生態を楽しく学べる「読む図鑑」！

『イシダイしまごろう』

菅能琇一・著／渡辺可久・絵
文研出版（「文研 科学の読みもの」シリーズ）
1974年

僕ら世代には超有名な本だ。「誰もが読んだ」と言ってもいいくらいなのだが、おそらく歳がひとつふたつ違ってしまうと「知らない」という人も多いだろう。というのは、本書は一九七五年、全国学校図書館協議会の低学年向け課題図書に選定され、多くの子どもたちが夏休みの宿題として感想文を書かされたのである。

もちろん僕も小二の夏休みに感想文を書いて提出したのだが、本書について覚えているのは「地味な話だなぁ……」という印象だけ。

しかし、読みなおしてみたら、これがおもしろい！　確かに驚くほど「地味な話」なのだが、その地味なところも含めて、ちょっと変わっているというか、ユニークなのだ。

なんとなく椋鳩十の作品とか、『シートン動物記』みたいな感じだったかな？　と思っていたが、あれほど劇的な物語ではない。かといって『ファーブル昆虫記』のようなレポート調でもなく、もちろんイシダイがペラペラとしゃべったりするようなファンタジーでもない。

図鑑をほんの少し物語風にしたというか、ストーリーを楽しみながらイシダイの生態が学べる「読む図鑑」という感じ。この「文研 科学の読み物」というシリーズの作品は多くがそういうコンセプトだったようだが、「えー、こんな本だったっけ?」とちょっと驚いてしまった。

水族館の飼育員と、彼にショーの芸を仕込まれる「しまごろう」の交流を描くと同時に、「しまごろう」が生まれてから水族館にやってくるまでの半生(?)を動物ドキュメンタリー風に綴るという構成。著者の菅能琇一氏は学研出身で、自ら海に潜って得た知識で海洋生物に関する本を多数書いている人物だ。

水族館の楽屋裏や「しまごろう」の成長の描写などは非常にリアルで、劇的な仕かけなどいっさいなく、ただ淡々と飼育員の日常とイシダイの生態記録が綴られていくだけなのだが、それでもちゃんと「海と自然」に関する大きなテーマが浮かびあがってくる。

また、随所にカラーの写真や図解、挿絵が入っていて、特に多くの図鑑でサカナのイラストを手がけている渡辺可久氏の絵の迫力がスゴい!海中の魚たちの様子を見開きでドーンと描いた絵など、ページをめくる手を止めてジーッと眺め入ってしまう。

……と、なにやら本当に小学生の感想文みたいになってしまったが、とにかく静かな感動を呼ぶ一冊なのだ。どうしてこれをまったく覚えていなかったんだろう? と不思議だが、この「静かな感動」は二年生の自分にはちょっと早かったのかなぁ、とも思う。

日々と暮らし

なんでこれが名作なの？理解不能だった陰惨なお話

『にんじん物語』

ジュール・ルナール・原作／打木村治・編・著
偕成社（児童名作シリーズ）1974年

『にんじん』

ジュール・ルナール・著
岸田国士・訳
岩波書店（岩波文庫）1976年
（現在は岩波文庫のほか、新潮文庫、角川文庫、ポプラポケット文庫などから刊行中）

この『にんじん』は、子ども時代の僕にとっては完全に謎だった。昔から名作児童文学ということになっていて、さまざまな形で翻訳されている。最初に読んだのは低学年のころで、絵本風のダイジェスト版だったと思う。

「赤毛のせいでみんなから馬鹿にされている少

年がいました。家族からもいじめられていました。かわいそうですね。おしまい」……という感じで、「なんじゃ、こりゃ?」という感想しか抱けなかった。

その後、挿絵がたくさん入ったハードカバーの児童書で読んだ。これも完訳ではなく、子ども向けにアレンジされたものだったと思う。このときの感想もさして変わらなかった。

終盤で主人公が父親と和解(?)する場面が大きな絵で強調され、一応はハッピーエンド風にまとめられていた記憶があるが、それよりも母親のサディスティックな意地の悪さや、ひたすら痛々しいできごとの数々が際立っている。特に起承転結もなく、最後までなにも解決しない陰惨なお話を、いったいどう受け取ればいいんだ? と首をひねった。なんでこんなお話が、これほどに名作扱いされているんだろう?

わかったのは、もう高校生になってからだ。

現国の教科書に、当時好きだった安部公房の「日常性の壁」という随筆が掲載されていて、そこにジュール・ルナールの『博物誌』から「蛇、長すぎる」の一文が引用されていた。これで興味を持って『博物誌』を読んでみると、これがなんともケッタイな本だったのだ。

身のまわりの自然や日常の細々としたアレコレについて、ほんの数行のテキストで綴っていく形式で、エッセイのような、詩のような、あるいは俳句を散文化したような、非常に説明しづらい作品だ。しかし、ユーモラスで、かなり意地悪で、そして不思議にさみしげな、感覚の隙間を突いてくる軽妙な文章は魅力的だった。

続いて『ぶどう畑のぶどう作り』を読んだが、これもやはりスケッチ、コント風の作品。素早く鉛筆を動かし、人生のアレコレを限りなく少ない線で活写したデッサンのようだ。画用紙に大きく余白が残っている感じが、この人の持ち味である。

「ああ、ルナールってこういう作家なのか」と驚き、それで改めて岩波文庫版の『にんじん』を再読してみると、子どものころに児童書で読んでいたときにはまったく飲み込めなかった作品が、ストンと腑に落ちた。

この作品でも、ルナールは幸福とはいえなかった自分の子ども時代のアレコレを、さみしげな、そしてちょっと意地悪な微笑を浮かべながら、サラリとデッサンしてみせる。それだけなのだ。それだけだからこそ本作は素晴らしいのだが……、でも、これってやっぱり児童文学にアレンジして小学生に読ませるのは、ちょっと無理があるんじゃないかなぁ？ 確かに主人公は子どもだけど、これは完全に大人の文学だと思う。

『砂漠の思想』
安部公房・著／講談社 1970年
明治書院などの高校国語教科書に掲載された「日常性の壁」を収録。これが授業で使われていた間、僕の学校では「蛇、長すぎる」のフレーズが教室の流行語になって、「山田、デブすぎる」とか「学食、まずすぎる」といった形で活用（？）されていた

自然と科学

各社から刊行されていた
昆虫少年たちのバイブル!

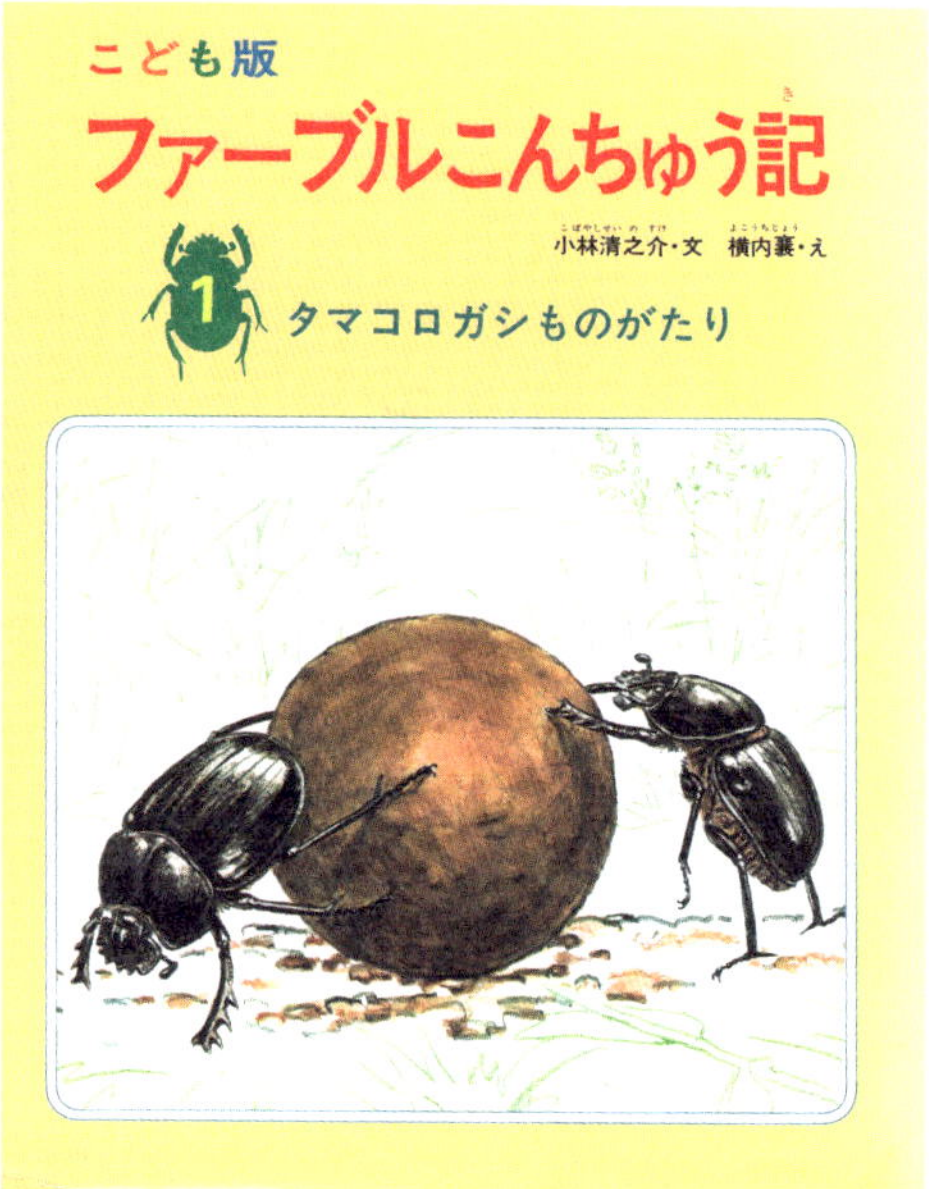

『こども版 ファーブルこんちゅう記』

小林清之介・著／横内 襄・絵
小峰書店 1974年
（2006年より「新版」となって刊行中）

我が家には各社の『ファーブル昆虫記』が何冊もあった。子ども時代は昆虫が好きだったので次から次へと買ってもらったのかもしれない

が、なぜかすべて一巻目だけしかなかった。どれも同じ「タマコロガシ」もしくは「フンコロガシ」、つまり動物のフンを転がしてばかりいる

変な虫の話ばかりなのである。

なんでそういうことになったのかと推測してみるに、虫が好きだから『ファーブル昆虫記』を読んでみよう」と一冊買ってもらって、読みはじめると延々と「フンコロガシ」の話が続くので飽きてしまう。それでほったらかすのだが、しばらくすると「また読んでみよう」ということになり、でも「今度は違う絵のやつが読みたい」ということで別の『ファーブル昆虫記』を買ってもらう。また「フンコロガシ」の話ばかりで飽きてしまう……。たぶん、これの繰り返しだったのだろうと思う。

それにしてもファーブル先生、なんで一巻目がよりによって「フンコロガシ」なのか？ どうして「カブトムシ」とか「クワガタ」とか、せめて「カマキリ」とか、男の子が大好きなカッコいい昆虫にしてくれなかったのかな？

そういう「フンコロガシだらけ」状態の記憶しかないなかに、一冊だけ、すごく印象に残っている本があった。絵がおもしろかったのだ。

覚えているのは、少年時代のファーブルが、「フンコロガシ」の研究のために道路でフンを拾い集めている光景。それを見て、馬車に乗っている金持ちの貴婦人みたいな人たちに「アハハハ！」と笑われている。彼女たちの表情が「いやぁねぇ、あの子、なに？ 馬フンなんて拾ってるわよ」みたいに意地悪く描かれていた。

この絵がどうしてもまた見たくて、当時の児童向け『ファーブル昆虫記』をかたっぱしからチェックしてみた。ところが、『ファーブル昆虫記』はあちこちの出版社から出ていて、なかなか特定できない。ボンヤリした表紙の記憶を頼りに探し続けると、読んだ覚えがあるのは偕成社の『少年少女ファーブル昆虫記』、同社の『児童伝記シリーズ ファーブル』、あかね書房の『少年少女ファーブル昆虫記』……。しかし、どの本にもあの絵がないのだ。

あきらめかけていたころ、偶然に古書店で見つけたのが小峰書店の『こども版 ファーブルこんちゅう記』。表紙をひと目見て「あっ、これだ！」とピンときてページを開くと、確かに冒頭のカラー口絵にあの絵があった！

……あるにはあったが、記憶とはまったくアテにならないものである。少年時代のファーブルだと思っていたが、描かれているのは初老のファーブルだった。馬車は描かれているが、あざ笑う貴婦人なんて乗ってない。あざ笑っているのは道端の子どもたちだ。

なんだか頭のなかでいろいろな情報をごっちゃにして、存在しない絵を勝手にでっちあげていたらしい。だが、確かに僕が覚えているのはこの絵だった。ほかの挿絵などを眺めてみると、「フンコロガシだらけ」の読書体験をしたころの記憶が次々によみがえってきた。

『少年少女ファーブル昆虫記』
アンリ・ファーブル・著／中村 浩・訳
牧野四子吉・絵
あかね書房1969年
こちらも懐かしい一冊。子ども向け物語風の小峰書店『こども版』とは違い、ファーブルの定本を翻訳したより本格的な内容。現在も刊行中

自然と科学

「図鑑好き」の昭和男児必携！「科学の心」を育てた名シリーズ

『カブトムシ』岸田 功・著
1971年

『月をみよう』藤井 旭・著
1970年

『科学のアルバム』シリーズ

あかね書房 1970年〜
（現在は新装版として4分野全73巻が刊行中）

僕ら世代にはおなじみのシリーズ。あかね書房が一九七〇年に創刊し、現在も新装版が販売されているロングセラーの図鑑シリーズだ。

おそらく今もそうだと思うが、当時はどこの学校図書館にも『科学のアルバム』がズラリと並んでいる棚があった。「図書室のイメージといえばこの本！」という人も多いと思う。全国学校図書館協議会選定図書にも選ばれたので、日本中の学校に一気に普及したのだろう。

小学生時代、国語の授業がときどき「今日は読書の時間です」ということになって、図書室に行ってなんでも好きな本を読んでいいと言われるときがあった。僕らは教室でジッと座っていなければならない状態から開放され、「わ〜い！」と歓声をあげながら一目散に図書室に駆けていく。そういう時間に、多くの男の子が『科学のアルバム』を読んでいたのを覚えている。

字がたくさんある本を読むのはキツイというのもあったと思うが、昭和男児はとにかく基本的に「図鑑好き」だ。子どものころから理系の教科はまったくダメだった僕も、やたらと図鑑を眺めたし、家にも親に買ってもらった学研や小学館の図鑑が何冊もあった。男の子の誰もが、なんとなく「科学っぽいもの」への憧れを抱いていた時代だったのだろう。

『科学のアルバム』は主に植物、昆虫、動物、気象、天文などのテーマに分かれていて、それぞれ表紙のカラーが違っていた。僕はもっぱら昆虫と動物の巻ばかりを読んでいたが、元「天文少年」たちに言わせると、このシリーズは子どもたちが天文に興味を持つ最初の入口になる入門書として定番だったらしい。とにかく天文分野の巻が充実していて、内容的にもすごくおもしろかったのだそうだ。

あいにく僕はそっちの方面にウトかったが、僕らの子ども時代は昭和三〇年代の「天文ブーム」の余波がまだまだ残っていて、クラスには必ず何人かの「天文少年」たちがいたものだ。彼らの多くは、この『科学のアルバム』に育てられたのかもしれない……なんてことを考えていると、日曜のたびにプラネタリウムに通っていたヤツや、休み時間になると天体望遠鏡の話ばかりしていた連中の顔が浮かんでくる。

図解と図鑑

僕らの好奇心を育てた禁断のトラウマ図鑑!

『なぜなにびっくり理科てじな』
(『なぜなに学習図鑑』シリーズ)

折井英治・監修／相島敏夫・指導
小学館 1972年(現在は絶版)

一応は科学マジック入門書であり、手品を通じて科学を学ぶ本だが、衝撃的なイラスト満載で肝心の内容はほとんど頭に入ってこない。往年の見世物小屋感にあふれた一冊

僕が生まれた一九六七年は、一般に「第一次怪獣ブーム」のピークだったといわれている。『ウルトラマン』人気によって「怪獣」は男児文化の基本アイテムとなり、大伴昌司が編集した『怪獣解剖図鑑』などの「怪獣本」が馬鹿売れして、玩具業界も「怪獣モノならなんでも売れ

る！」と色めき立っていたのがこのころだ。

このブームも翌年にはトーンダウンし、代わって盛りあがってきたのが「妖怪ブーム」。『ゲゲゲの鬼太郎』のアニメ化で「水木妖怪」が子どもたちを魅了し、男の子の必携本が『怪獣図鑑』から『妖怪図鑑』へと更新された。

「妖怪ブーム」は縮小しながらも、そのまま七〇年代オカルトブームに溶け込む形で維持されるが、七〇年代に入ると、今度はまたまた「怪獣ブーム」が盛り返してくる。『スペクトルマン』や『帰ってきたウルトラマン』の放映開始で起こった「第二次怪獣ブーム」だ。

この妙にややこしい端境期に、僕ら世代は物心がついたのである。要するに「怪獣」にも「妖怪」にも大興奮した世代であり、また、そのどちらについても本当のピークは知らない……みたいな中途半端な世代でもあるわけだ。

もともとオカルト体質だった僕はどちらかといえば「妖怪派」だったが、やはりブームは一段落していて、エポックメイキングな大映の映画『妖怪大戦争』などは夏休みのテレビ放映で後追いする形だったし、『ゲゲゲの鬼太郎』も夕方の再放送の方が記憶に残っている。「水木妖怪」ももちろん楽しんだが、すでにちょっとだけ過去のものになっていた、という印象だ。

では、リアルタイムの旬のネタはなんだったのかというと、少なくとも僕の周辺では「舶来モンスター」、つまりドラキュラ、狼男、半魚人、ミイラ男、フランケンシュタイン（の怪物）など、往年のハマープロやユニーバーサルの怪奇映画の花形たちだった。当時、「妖怪本」もネタ切れになっていたのだろう、こういうキャラを「海外の妖怪」として紹介する本が大量に出ていたのである。なかでも大人気だったのがフランケンシュタイン。あの魅力的な造形と、死体をつなぎ合わせた「人造人間」という不吉な設定は、多くの子どもたちを魅了した。

自分の半径五メートル程度しか見渡せなかった幼児の感覚なので、こういう傾向が全国的なものだったのかは今となってはわからないが、「舶来モンスター」はオーロラ社・モノグラム社のプラモなど、多くの商品が売られていたし、同時期にマンガ『魔太郎がくる!!』でもフランケンシュタインマニアのエピソードが登場したりしているので、やはり「妖怪ブーム」後期の余波として、「舶来モンスター」に人気が集中した時期はあったのだと思う。

で、そんなときに近所のヨッちゃんが僕のウチに飛んできて、「本屋さんにフランケンシュタインのすっごい絵が載ってる本が売ってたゾ!」と教えてくれた。さっそくふたりで近所の「ほたる書房」に走っていって、教えてくれた本を開くと……そのまま僕は周囲の音がいっさい聞こえなくなるほど夢中になって、その絵をただジッと見つめつづけてしまった。

テーブルの上のフランケンの生首が、ニヤニヤと笑いながらタバコを吹かしている。恐くて、シュールで、そしてなんだか笑いだしたくなるようなユーモアもある異様な絵だった。

その本が小学館の『なぜなに学習図鑑』第六巻『なぜなに理科事典』だ。挿絵の作者は「怪奇とエロスの絵師」、かの石原豪人。

それが今でいうところの「怪奇系児童書」と

の最初の出会いであり、豪人先生をはじめ、もちろん御大・小松崎茂、そして南村喬之や梶田達二など、昭和の天才挿絵画家たちの仕事を知るきっかけだった。目の前に別世界の扉が開いた気がした。六歳のときの記憶だ。

『なぜなに学習図鑑』は凶悪なシリーズである。「学習図鑑」といいながら、不要なほどに過激で怪奇で前衛的、ときにはエロチックな図解で子どもたちの中枢神経を撃ち抜いた。

前述のフランケンの生首も、鏡を使った科学マジックの図解であり、光の屈折を解説するための挿絵だ。ほかにも、テコの原理の解説に怪獣と格闘する少女のイラスト、動物の進化の解説には、知的生命体と化した未来のイルカが人間たちを大量虐殺する絵を配したりする。しかも多くが、長らく子ども文化を支え続けてきた偉大な挿絵画家たちの力作ばかり。どのページからも異様なエネルギーがほとばしっていた。

僕ら世代の多くは『なぜなに学習図鑑』があったからこそ、マンガというコンテンツが児童雑誌から「挿絵文化」を完全に駆逐してしまう寸前に、豪人や小松崎らの「最後の絶頂期」の仕事にリアルタイムで立ち会うことができたのだと思う。このシリーズは、うっかり表紙を開いてしまった少年たちを、怪奇と恐怖と妄想的科学観に満ちた「あちら側」へと誘う最初の入り口だったのである。

僕などはそのまま「こっち側」へ戻れなくなってしまったクチだ。「どうしてくれるんだよ!」と今でも本気で思う。

トンデモ感満点の「なぜなに」の世界!

『なぜなにびっくり世界一』
浅香幸雄・監修／相島敏夫・指導
小学館1971年(現在は絶版)
当時流行していた「世界一本」(各分野の世界一を解説)のひとつ。『なぜなに』のなかでは比較的温和な巻だが、ダイオウイカや電気ウナギが人を襲うシーンなど、やはりトラウマ画像が満載!

『なぜなにぼうけんと探検』
寺田和夫・監修／相島敏夫・指導
小学館1970年(現在は絶版)
人類の探険・冒険の歴史を解説する巻だが、なぜか土星や金星で宇宙生物と遭遇する光景やネッシーの話題など、トンデモネタが続々と登場する。もちろん禁断の人喰い人種ネタも!

『なぜなにロボットと未来のくらし』
日下実男・監修／相島敏夫・指導
小学館1972年(現在は絶版)
70年代に大流行したトンデモ未来予想本の代表的な一冊。超楽天的なバラ色の未来観と終末的で絶望的な未来観がゴッタ煮的に解説される。多くの子どもたちを夢中にさせた名著!

COLUMN

思い出せない本の記憶①

「まる・さんかく・しかく」の絵本

もう一度読んでみたいが、タイトルも著者も忘れてしまって探すことすらできない……といった非常にやっかいな本の記憶は、誰もがひとつやふたつは抱えていると思う。

僕にも学生時代からずっと探している絵本がある。児童書専門の古書店に立ち寄ったり、昔の児童書目録を目にするたびにチェックしてみるが、それらしい作品は見つかるものの、どれも記憶とは違う。

本書を書くにあたっては戦後の児童書に関するさまざまな資料やリストを大量に目にすることになるので、今回こそはと期待していたのだが、やはりどうも再会は難しそうだ。

僕はその絵本を四歳のころに読んだ。時期をはっきりと覚えているのは、幼稚園入園の面接会場の控室で読んだからだ。その日、家を出る前に母親は僕に言った。

「幼稚園の面接ではね、子どもは親から引き離されて、しばらくひとりぼっちで過ごさなきゃならないの。そのときにちょっとでも泣いたら、もうダメ。先生たちはちゃんと見ていて、泣いた子は落とされるの。泣かなかった子だけが幼稚園に入れるのよ。いいわね？」

なんだか嫌だなぁ、と思った。大人たちはわざわざそんな罠を仕かけて、僕たちを試そうとしているのか。そう考えたらムカムカと腹が立ってきて、「泣いてたまるかっ！」と決心したことを覚えている。

面接会場は阿鼻叫喚地獄だった。

母親の言うとおり、園に足を踏み入れたとたん、いきなり入り口のところで係の人に「はい、お母さんはあちらへ。お子さんはこっちね」と腕をつかまれ、子どもたちは親から引き離されて控室に集められる。この段階で多くの子が「ギャ～ッ！　いやだぁ～っ！　お母さ～んっ！」と悲痛な叫び声をあげていた。♪ドナドナド～ナ～というBGMが聞こえてきそうな悲劇的光景だった。

僕はあらかじめ罠の仕組みを聞いていたので涼しい顔ができたが、事前情報がなかったらやはり「ギャ～ッ！」となっていたかもしれない。

僕の手を引いていた係のお姉さんは「君、強い子ねぇ」と僕の頭をひとなでして、「ここで遊んでてね。すぐお母さんが迎えにくるから。ほら、あそこに絵本やおもちゃがたくさんあるでしょ？」と言った。

子どもたちの叫び声に満ちた部屋の中央に大きなテーブルがいくつか配置され、ブロックや積み木などのおもちゃ、たくさんの絵本などが置かれていた。
そこで僕は、ほかの子どもたちの「ギャ～ッ！」という慟哭に包まれながら、なんだかザワザワとするような非常に複雑な気分で、その問題の絵本を読んだのだ。

タイトルは「まる・さんかく・しかく」だったと記憶しているのだが、これに類する書名をかたっぱしからチェックしても見つからないところをみると、どうも違っているらしい。

とにかく「まる」と「さんかく」と「しかく」が、「誰が一番偉いか？」をめぐってケンカする話だった。それぞれの形が「僕がいなくなったら、みんなが困るんだぞ！」と主張し、それぞれの形が存在しない世界が順番に描かれる。最後は「どの形もみんな大切」という結論に達して終わり……だったと思う。

はっきり覚えているのは「まるのない世界」が描かれるページだ。「さんかく」や「しかく」のタイヤをつけたトラックやバスが道路にあふれて大渋滞が起きている見開きの絵に、「あらあら、たいへん。タイヤがまるくないと、じどうしゃははしることができません」みたいな文章が書いてあって、「おもしろいなぁ！」と思った。

「まる・さんかく・しかく」といった感じのタイトルの絵本は昔からたくさんあり、似たような展開でそれぞれの形の重要性を説く絵本も多い。が、この渋滞シーンの絵が入った本は、どうしても見つからないのだ。

思えば、なんとなくペラペラの安っぽい造本だったという記憶もあるので、刊行されては読み捨てられる児童雑誌の付録絵本とか、当時「ひかりのくに」「ブックローン」「チャイクロ」などのブランドから大量に出版されていた月刊絵本の一冊だったという気もする。となると、もう特定は永久に不可能かもしれない。

今では「本当にあんな絵本が存在したのだろうか?」と、自分の記憶がグラグラと揺らいでいる。子どもたちの叫び声が反響する大きな部屋で、不思議な不安感にさいなまれながらじっと絵本を読んでいた……。その記憶は確かにあり、部屋の間取りまで覚えているのだが、実はその体験ぜんぶが夢だったのでは?……とさえ思ってしまうのである。

ユーモアと笑い

ハチャメチャに展開する海洋冒険ファンタジー

『船乗りクプクプの冒険』

北 杜夫・著／長 新太・絵
角川書店（角川文庫）1969年
（1962年に集英社から刊行。現在は同社文庫の新装版で入手可能）

小学校に入学して初めて「勉強部屋」なるものを与えられた。大きな学習机がスペースの大半を占拠する四畳半で、もともとは母親が鏡台などを置いて身支度用に使っていた部屋だった。僕の「勉強部屋」になって以降も、母専用の小さな赤い木枠の本棚がそのまま残されていて、蔵書も入ったままになっていた。

　大人が読む本などには興味もなかったので当初は気にもしていなかったが、ある日、やってもやっても終わらない「計算ドリル」の宿題にいい加減ウンザリして、気晴らしに母の本棚を物色していると、なにやら妙な本を発見した。

　文庫本である。小さな文字がページいっぱいに印刷された文庫本というものは、あくまで大人が読む本だ。しかし、その本の表紙には、巨大な魚にまたがった男の子の絵が描いてある。子どもの落書きみたいだった。タイトルは『船乗りクプクプの冒険』。著者は北杜夫。どう見ても子ども向けの本なのだ。ページを開くと、やはり小さな文字がギッシリと並んではいるのだが、ところどころにマンガみたいな挿絵が入っていて、なんだかおもしろそうだ。

「これは大人の本なのか？　それとも子どもの本なのか？」と首をかしげながら読みはじめ、そのまま止まらなくなってしまった。

「なんだ、こりゃ。僕のことが書いてある！」

　そうなのだ。『船乗りクプクプの冒険』の冒頭では、主人公の少年「タロー」が大嫌いな算数の宿題に苦戦している。いい加減ウンザリして、今日買ってきた一冊の本（安いからという理由で中身も見ずに買ったのだ）を取り出し、気晴らしに読んでみようと考える。タイトルは『船乗りクプクプの冒険』。著者は「キタ・モリオ」。

　ページを開くと、最初になにやらやる気のなさそうな著者の「まえがき」があり、物語がはじまったかと思うと、あとは白紙。めくってもめくっても白紙のページ。二四四ページもの空白が続き、最後に「あとがき」が現れる。

そこで著者「キタ・モリオ」は、原稿が書けないので「目下逃亡中」などと驚きの告白をする。さらに「読者はこれをノート代わりに使ってよい」などと無責任に開きなおり、「さようら、バイバイよ」の捨て台詞を残して本は終わってしまうのだ。タローは「フンガイ」する。

「このキタ・モリオって人は、まったくひどいやつだなあ！」

そして本を閉じた瞬間、なぜか「タロー」は「船乗りクプクプ」となって、わけもわからないまま「冒険の海」に投げ出されている自分に気づく……。

読者をおちょくったようなオープニングだが、終始この調子で物語は続く。ハチャメチャというかスラップスティックというか、海洋冒険小説の破壊的パロディーのような展開だ。

あまりにもナンセンスなギャグや、ときには投げやりとも思えるドタバタ劇でアハハ！と笑わせつつ、クライマックスの「未開の原住民」との遭遇では、他民族への偏見や差別に関する重いテーマが、子どもの心にもしっかりと刺さるように描かれる。これも古典的な海洋冒険小説、秘境冒険小説の多くが構造的に孕んでいる差別意識を、見事に逆手に取ったどんでん返し的パロディーだ。

そして僕がある種のトラウマともいえる衝撃を受けたのが、物語の幕切れだった。ネタバレになってしまうが、本作は主人公が突然に日常から非日常へ移行してしまう典型的なファンタジー小説であり、つまりは少年や少女が「不思議の国」での「冒険」を通過儀礼のように体験し、成長して現実に戻ってくるパターンに準じている。構造的には「行きて帰りし物語」でなければならないはずだ。

が、この『船乗りクプクプの冒険』の主人公は現実の世界へは帰らない。「クプクプ」は「タロー」に戻らないのだ。「東京の家には帰りたい」と思いつつも、このまま「冒険の海」に身を置く決意をするところで物語は終わるのである。

この「え？　戻らないの？」という「反則技」のような幕切れが当時の僕には衝撃で、横面を張り飛ばされたような気がした。

「この北杜夫って人は、まったくすごいやつだなあ！」

読み終わって本を閉じた瞬間、僕は物語冒頭の「タロー」のように「冒険の海」に投げ出されることはなかったが、それでも自分の価値観や世界の見え方がちょっぴり変わってしまったような気分になった。

本作は北杜夫が初めて書いた子ども向けの小説。一九六二年に集英社から刊行され、その後、同社の文庫のほか、新潮文庫、角川文庫、旺文社ジュニア図書館などからも刊行され、現在も読み継がれている。僕が最初に読んだ角川文庫版の挿絵は長新太が手がけていたが、ほかにヒサクニヒコ、荒井良二などが担当している。

考えてみれば、僕は本書とはこれ以上ないくらいに幸福な出会い方をしたのだと思う。それも子ども部屋に置きっぱなしにされていた母親の小さな本棚のおかげだ。

徹頭徹尾ダメダメなおじさんの
あまりにダメダメな言行録

『ぼくのおじさん』

北杜夫・著／和田誠・絵
新潮社（新潮文庫）1981年
（1962年に旺文社『中二時代』などに連載され、1972年に旺文社ジュニア図書館から単行本が刊行。映画化を機に新潮文庫版が記念復刊し、現在も刊行中）

『船乗りクプクプの冒険』に夢中になった僕が、続いて手にした北杜夫の児童小説。こちらは確か箱入りの旺文社ジュニア図書館シリーズで読んだのだと思う。

正直、『船乗りクプクプの冒険』ほどにはワクワクもしなかったし、ビックリもしなかった。が、そうした興奮や感動がなくても、なぜか妙に記憶に残る本というのもあって、本作もそうした忘れがたい一冊だ。

ぐうたらで屁理屈屋、気が小さいくせに偉そうで、自意識過剰で、自己中心的で、居候のただ飯喰いで、おまけにけちんぼで……。

まさにダメ人間の典型のような「おじさん」の言動を、小学生の甥っ子「雪男」が冷ややかな視点で語る物語。いや、物語らしい物語は特になく、後半は二人のハワイ珍道中の顛末記となるが、終始ゆる～い展開で、どこへ行っても場違いに浮いてしまう「おじさん」の失敗の数々がのんびりとしたタッチで綴られていく。

タイトルはジャック・タチの映画『ぼくの伯父さん』を意識しているのだろう。和田誠が描く「おじさん」のぬぼーっとした風貌も、ジャック・タチが太ったらこんな感じかな？　と思わせるところもなくはないが、口数が少ないだけタチの「ユロおじさん」の方がずっとマシなのである。

とにかくこっちの「おじさん」の役立たずぶりは徹底しており、しかも口だけは減らない。小学生の「雪男」から小銭をせびり取ったり、タダでハワイへ行くために「雪男」をダシに使ったりするあたり、読んでいてイライラしてしまうほどにダメダメなのだ。「雪男」も「こんなおじさんは、できることだったらベーゴマひとつと取りかえたい」などと考えている。

しかし、最後にはふたりの間に真の心のふれあいが生まれ……とはならないところが北杜夫だ。ダメな「おじさん」は最後の最後までダメ。しかし、ダメな人ならではのかわいげがあって、小学生の「雪男」でさえも、どこかで「かわいいなぁ」と思ってしまっている。この同情とあきらめがない混ぜになったうっすらとした共感だけを残して、作品はプツリと終わる。

小学生時代、ウフフと笑いながら読みつつ「こんなおじさんにはなりたくないなぁ」などと他人事みたいに思っていたが、とっくの昔に僕は「おじさん」の年齢（作中では「三〇歳をとっくにすぎている」とだけ語られる）を追い越してしまった。おまけに、負けず劣らずダメである。

冒険と空想

神話と現実の境界にある「見えない世界」との出会い

『だれも知らない小さな国』

佐藤さとる・著／村上勉・絵
講談社（少年少女講談社文庫）1973年
（自費出版を経て1959年に講談社より刊行。現在は同社「青い鳥文庫」「児童文学創作シリーズ」として刊行中）

コロボックル、またはコロポックル。アイヌの伝説に登場する小人たちである。

『だれも知らない小さな国』は、この不思議な魅力に満ちたコロボックルの世界を全国の子どもたちに知らしめて人気を博し、『豆つぶほどの小さな犬』『不思議な目をした男の子』など、続編も書かれてシリーズ化した。

ただ、僕ら世代の多くがコロボックルを知ったのは、まずはテレビアニメがきっかけ。佐藤さとるのコロボックルシリーズを（一応は）原作として製作された『冒険コロボックル』（一九七三年・日本テレビ）だ。

僕自身はペギー葉山が歌っていた主題歌以外はかなりうろ覚え。なぜか前番組の『おんぶおばけ』の方をはっきり覚えているのが不思議なのだが、いかにも当時のアニメらしい波乱万丈の冒険物語という感じで、悪い昆虫（？）と剣で戦ったりする小人たちの活躍が描かれていたと思う。いや、このへんの記憶は『ミクロイドS』や『みつばちハッチ』などと混ざってしまっているのかもしれない……。

ともかく、『冒険コロボックル』放映終了から数年後、「あのアニメの原作だ!」と思って佐藤さとるの本を手にしたとき、「え? 主人公の『せいたかさん』が子どもじゃなくて大人じゃん!」ってことにもドギモを抜かれたが、それ以上に雰囲気の落差に驚いた。アニメよりずっと静謐で、神話的世界と現実世界が接する曖昧な境界線が、なんとも不思議なリアリティーで描かれている……なんて言い方はあくまでも大人になった現在の目線での感想で、当時は「小人って本当にいるのかもしれない」という気分になって、現実感がグラグラと揺れた。そして、「なんだかちょっと怖い」と思ったことも覚えている。

特にこのシリーズ第一作は、「この世界の内側にもうひとつの小さな世界が隠されている」ということを子どもたちに信じさせるためだけに、全体の半分以上のページが割かれている。物語がほとんど進行しない代わりに、「見えない世界」が現実感をともなってページの上に広がるのだ。と同時に、実は物語の全体が慎ましやかで美しい小さな恋物語にもなっているのだが……。

佐藤さとるの物語世界が独特だったのは言うまでもないが、その物語世界を素晴らしい形で印象づけていたのが村上勉の挿絵。不思議な静けさと、なにか子ども特有のさみしさというか、大人になれば誰もが忘れてしまうけど、小さな子どもたちが一様に湛えている理由のない孤独感みたいなものがうっすらと漂うあの感じ。テキストと挿絵の幸福な出会いが生んだ一冊だと思う。

「屁理屈」の痛快さ！
大ブームとなった「とんち話」シリーズ

『一休さん』

寺村輝夫・著／ヒサクニヒコ・絵
あかね書房 1976年

七〇年代は「とんち話」が大流行し、各版元からさまざまな作品が刊行され、学校図書館や学級文庫にも多くの「とんち話」本が蔵書された。このブームの契機となったのは、言うまでもなく一九七五年から放映が開始されたテレビアニメ『一休さん』だ。人気の子ども番組といえば特撮ヒーローやロボットが活躍するものが中心だった七〇年代、時代劇で内容も超地味、教育的というか、ちょっと説教くさくもあった『一休さん』はかなり異質のアニメだったが、当時の僕らと同世代の子どもが得意の「とんち」で大人をヘコませるさまが痛快で、かなりの人気を博した。八二年まで放映が続いた長寿番組でもある。「とんち」という古風な言葉が子どもたちの間でおなじみとなったのも、この番組がきっかけだったと思う。

通常、「正統」な児童文学はアニメ人気などには便乗しないものだが、なんといっても『一休さん』は「中央児童福祉審議会推薦番組」。オープニングでも、その旨がお寺のシルエットを背景にドーンと表示されていた。先生やPTAからも「とんち」ブームは推奨されていたのだ。

大量に刊行された「とんち」本のなかで、もちろん一番人気は「一休さん」関連。絵本や逸話集、伝記など、さまざまなスタイルの本が刊行されていた。僕も「一休さん」関連だけで五、六冊の本を持っていたと思う。

「一休さん」人気にあやかって、というか、あまりに「一休さん」本の刊行ラッシュが続いてネタ切れになったのか、二番バッターとして人気を博したのが「吉四六《きっちょむ》さん」だ。豊後国（大分県）の村の庄屋がモデルとされているが、児童書では「なまけ者」として描かれることが多かった。「なまけ者」で、なおかつ口が減らないというキャラは人としてどうなんだろう？　と子どもながらに首をかしげてしまう部分もあったが、そのダメさがユーモラスでおもしろかった。

さらに三番バッターとして登場したのが、先のふたりに比べてちょっと知名度が落ちる「彦一さん」。肥後の熊本のお侍さんだったというが、浪人だったのか、本のなかではプー太郎みたいに描かれていた。「彦一とんち話」はちょっと怪異譚じみているのが特徴で、人を化かすキツネ、天狗、河童などを「とんち」でこらしめるエピソードが多い。妖怪風味が魅力だ。

「一休さん」「吉四六さん」「彦一さん」。これが子どもの本の世界では「三大とんちヒーロー」だ。しかし三人とも一歩間違えれば単に「口だけ達者なダメなヤツ」で、本を読んでいてもときどき「なんなんだ、コイツは！」とイラッとするところもあるのだが、そのあたりこそが「とんち話」ならではのおもしろさである。児童文学の主役らしからぬダメさと、自分より強い相手、逆らえない相手を口先八丁で煙に巻く痛快さが、このジャンルの醍醐味なのだろう。

前置きが長くなったが、七〇年代の子どもたちにとって「とんち話」本の決定版といえるのが、あかね書房から出ている「寺村輝夫のとんち話」シリーズだ。僕もこのシリーズが好きで、「とんち話」だけでなく「むかし話」シリーズも愛読していた。現在も当時と変わらぬ装丁で刊行されているロングセラーだ。

シンプルでユーモラスなテキストも魅力的だが、なんといってもヒサクニヒコの挿絵が素晴らしい。子どもも大人も動物もお化けも、描かれているものがみんな独特のカワイさを帯びていて、しかも絵を見ているだけでプッと吹き出してしまうようなおかしみがある。こんな単純な線で、どうしてこれほど生き生きとした感じが出せるのかと不思議だ。
シリーズにはもちろん「三大とんちヒーロー」すべてが含まれているが、僕が繰り返し読んだのはやはり『一休さん』。特に「一休さん」がけちんぼの和尚さんの水飴を盗み食いする「どくのかめ」という話が好きだった。「一休さん」たちが水飴のカメに棒を突っ込んでペロペロしている絵を見るたびに、どうしても自分も水飴をなめたくなる。で、僕も台所に忍び込み、戸棚に入っている料理用の水飴の瓶に割り箸を突っ込んでペロペロした。

現在手元にないので確認できないのだが、確か「少年少女講談社文庫」の『一休さん』だったと思う。あとがきに実在の一休宗純のリアルな評伝みたいなものが掲載されていて、その数奇な生涯や、暗い表情の肖像画を見て、児童書に描かれた朗らかな「一休さん」とのイメージの落差にショックを受けたことがあった。

死ぬ直前の言葉が「死にとうない……」だったとも書いてあり、「とんちの天才なら最後にもっと気の利いたことを言えばいいのに」などとも思ったが、なんだかやっぱりリアルな人生って大変なんだなぁ……と考え込んでしまった。

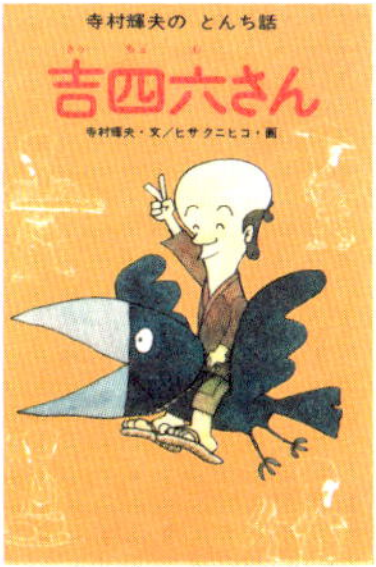

『吉四六さん』
寺村輝夫・著／ヒサクニヒコ・絵
あかね書房1976年
同シリーズには「とんち話」のほか、『おばけのはなし』(全3巻)もあり、これも大好きだった。ヒサクニヒコの絵の魅力が炸裂する傑作である

ノンフィクションタッチで綴る
コクワガタの一生

『クワガタクワジ物語』

中島みち・著／太郎・絵
筑摩書房 1974年
（現在は偕成社から刊行）

夏休みらしさにあふれた本といえば、それはもうなんといってもアーサー・ランサムの「ツバメ号サーガ」（別項参照）なのだが、そういうものとはまったく別の意味で、本書は僕ら世代にとって「夏休み本」の決定版ともいえる作品である。

僕は本書を小学生時代の課題図書だったとずっと思い込んでいたのだが、調べてみると一度も選定されていない。しかし、僕は三年生か四年生のころの夏休みに読んで、確かに感想文を提出した。そのとき、クラスの男子の多くが、やはりこの本で感想文を書いていたのだ。

夏休みの課題図書には「自由枠」みたいなものがあって、課題図書以外でも読みたい本があれば、それをテーマにしてもいいという決まりがあったと思う。そういう形で自主的に読んだのかなぁという気もする。同世代に聞いても多くの人がこれを読んでいるので（読んでいるのは圧倒的に男性ばかりだが）、新刊当時はかなりのベストセラーだったのかもしれない。「文学作品として傑作！」とか、そういうたぐいの本ではないし、今読むと「ただのクワガタ観察日誌じゃないか！」と思ってしまうところもあるのだけど、小学生時代の夏休みに読むと、その読んでいた夏の日々の思い出がまるごと記憶に残って、それが大人になってもずーっと忘れられなくなるような、そんな本だ。

それは僕ら世代の男の子なら（いや、今の子も基本的には同じだと思うが）誰でもカブトムシやクワガタに夢中になるころがあって、夏休みになれば必ず昆虫の飼育を試み、アレコレの失敗をやらかして後悔し……ということを共通体験として持っていて、その日常がそのままドキュメンタリーになっているからだろう。

その細部の描写には、やっぱり抗し難い魅力がある。こういう感じは、ラジコンブームのときの小学生たちがすがやみつるの『ラジコン探偵団』に夢中になったのと似ているかもしれない（わかりにくい！）。当時の「ホビー入門書」にも近いおもしろさがあったのだ。

これを読むと、あのころ飽きずに眺めていた昆虫飼育ケースの匂いが鼻先によみがえってくる。スイカと腐葉土の甘ったるい匂い。夏休みの匂いだ。そして、本作の主人公がクワガタを越冬させていることに驚いて、僕もがんばったけどやっぱりダメだったこと、「飼育箱のそばで絶対にキンチョールを使わないで！」としつこく母親に約束させたこと、死んでしまったカブトムシを駄菓子屋の「昆虫採集セット」で標本化したものの、すぐに腐ってしまったこと……などなどの記憶をありありと思い出すのである。

自由と平和

タマネギ坊やが大活躍！
イタリア産ポリティカルファンタジー

『チポリーノの冒険』

ジャンニ・ロダーリ・著／B.スチェエーヴァ・絵
杉浦明平・訳
岩波書店（岩波少年文庫）1956年
（87年に新訳改訂版が刊行）

小学生時代、僕は学校図書館にあったこの本を何度も借りた。当時の図書館の本には裏表紙にポケットが糊づけされていて、そこに貸出記録カードが入っている。そのカードに借りた人の名前が記録されるのだが、僕の名前ばかりがズラリと並んでしまい、なんだか恥ずかしかったのを覚えている。

何度も借りたというのは、何度も読んだということではない。僕はこの本が大好きだったのだが、それは挿絵が本当に魅力的だったからだ。この楽しげでユーモラスで躍動感のある挿絵は、『不思議の国のアリス』のテニエル、『クマのプーさん』のシェパードに匹敵するものだと思う。何度か装丁が変わっているが、あのころの図書館にあったのは、カバーがつくようになる前の岩波少年文庫。赤い表紙で、意地悪そうな「トマト騎士」、乱暴な「レモン兵」、そして壁の上から彼らを見下ろすタマネギ坊やの「チポリーノ」が描かれていた。

最初に借りたのは低学年のころ。ひと目見て「絵が好き!」と思って借りたが、そのときは途中までしか読めなかった。よくわからなかったというか、興味が持続しなかったのだ。それでも「やっぱり絵が好き!」ということで、何度も借りて、何度も途中で放りだして、完読したのは四年生になったころだったと思う。

そのときも、「野菜の世界」における「チポリーノ」や「サクラン坊や」の戦いはおもしろいし、キャラクターも非常に魅力的だと思ったが、物語全体はなんだかうまく把握できなかった。結局はわからなかったのだろう。

で、あらためて手に取ったのは、新訳改訂版が書店に並んだころだ。僕はもう二十歳。「あ、懐かしいな」と思って読んでみて、「えー、こういう話だったのか!」と驚いたし、初めて物語をおもしろがることができた。

あのころの自分にわからなかったのは当然というか、六年生くらいになってから読めばよかったなぁ、と思った。これは階級闘争の話なのだ……なんてことを言ってしまうとこの本の魅力はまったく伝わらないが、要するに、いつも偉そうにいばっているヤツらと、いつも彼らに踏みつけられているヤツらの対立の話であって、それは大昔から、今も、そしてたぶん未来も、ずっと僕らの身のまわりにあるゴタゴタであり、それをまるごと「野菜の世界」に移し替えたときに本作独特のユーモアが生まれる。

アニメにしてくれれば当時の僕にもわかったのに、とも思う。『ムーミン』とか『小さなバイキングビッケ』とか『ピコリーノの冒険』とか、海外の児童文学がたくさんアニメ化されていたあの時代、どうしてこれを誰もやらなかったのだろう？「野菜の世界」で主人公のタマネギ坊やが大活躍！ なんて、あのころの『カルピス子ども名作劇場』にピッタリの内容だ。

この本にはいくつかの歌が出てくるが、『チポリーノのうた』の一説「♪ぼくのうまれはタマネギ畑」は、伝説のパンクバンド（という言い方は、僕ら世代には薄ら寒く響いてしまうのだが）、スターリンの往年の名曲『コルホーズの玉ネギ畑』の「♪私の病気は玉ネギ畑」に少なからず影響を与えたのではないか？……と以前から勝手に思っている。

だって、絶対に勝てない相手にブタの臓物を投げつけて対抗したあのころのミチロウ同様、「チポリーノ」も純粋にパンクではないか。

「♪お前らの貧しさに乾杯！ メシ喰わせろ！」

絵本と昔話

世代を超えて読み継がれる「創作民話」の代表作

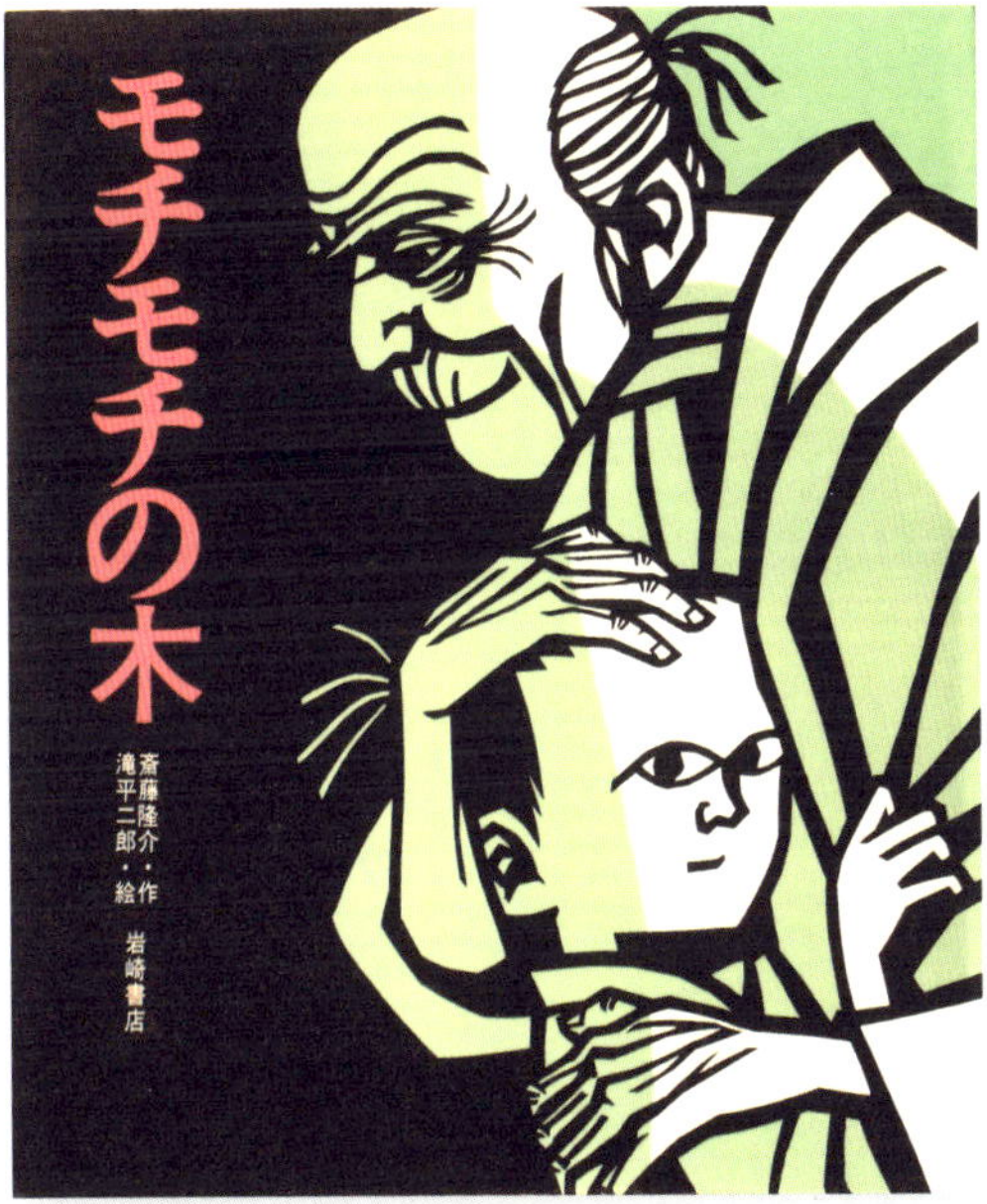

『モチモチの木』

斎藤隆介・著／滝平二郎・絵
岩崎書店 1971年

実をいうと僕は斎藤隆介の作品が子ども時代から苦手で、まぁ、そのことは『ベロ出しチョンマ』のところで詳しく書くことにして、この『モチモチの木』だけは昔も今も好きな絵本だ。斎藤隆介の最良の部分がとてもよく出ている……っていうか、僕がこの人の作品に感じる

「イヤだなぁ」というところが奥に引っ込んで、斎藤センセイ独特の「民話感」がすばらしい効果を発揮している作品だと思う。

確かこれ、最初に読んだのは国語の教科書で、三年生のころだった。そのときはあんまり印象に残らなかったが、後で図書室の大判絵本で読んでみたら、教科書掲載のものとはまったく違う迫力に圧倒された。

本書は「トラウマ絵本」として語られることも多いが、夜空に浮かびあがる不気味な『モチモチの木』のシルエットは確かに怖い。なんだかザワザワザワ……と風に揺れる木のささやきが聞こえてきそうだ。

今読み返してみると、「豆太」の「木が怖い!」という感覚は、確かに自分の幼少期にもあったなぁと思う。夏休みに祖父母の家に遊びに行ったときなど、縁側から見える竹藪が怖かった。夕方に風が吹き過ぎたりすると、藪全体がザザザザ……と音をたてて生きているかのように波打って、「うわ〜」と思ったことを思い出す。

で、その独特の雰囲気を見事に表現しているのが、なんといっても滝平二郎の切り絵!

僕ら世代には滝平作品は幼少期からおなじみで、「日常のなかにあるアート」の代表だった。「ケロヨン」の藤城清治とか、『週刊新潮』表紙の谷内六郎とか、やたらと喫茶店で見かけたマリー・ローランサンとか、七〇年代には子どもたちの印象にいつまでも残るお決まりの「日常アート」がたくさんあった。ああいう日々の風景に溶け込むような作品を作るアーティストって、今はいなくなったような気がする。

滝平二郎の切り絵といえば、七〇年代の『朝日新聞』日曜版だ。八年ほど続いた長期連載企画で、季節感あふれる作品が毎週掲載されていた。思えば贅沢な時代だったなぁ……。

これで大人気となって、彼の切り絵を使ったポスターやカレンダーが巷に氾濫して「一家に一枚滝平作品！」状態になったのを覚えている。

でも、僕にとって滝平氏は「かるたの人」だった。新泉社のいろはかるた『きりえかるた江戸いろは』を手がけているのも滝平二郎。子ども時代のお正月は毎年これでさんざん遊んだので、いまだに絵札の一枚一枚をすべて記憶している。このかるたは今も売られている超ロングセラーで、画集や絵本に匹敵する滝平氏の代表作だと思う。

もちろん『モチモチの木』でも滝平作品の魅力は炸裂していて、やっぱりこの人の切り絵は登場人物の「目」が、もうなんとも言えないほどに印象的だ。特に「豆太」の、甘えん坊で臆病で、でも、なにやらいろいろと自分なりに考えているらしい感じの目つきが、本当にかわいいというか、なんというか……いつまでもジーッと眺めてしまうような魅力がある。

今回読みなおして初めて知ったが、実をつぶしてこねるとお餅になるという『モチモチの木』はトチノキで、この実でつくったのが栃餅。

僕はたぶん食べたことないと思うが、「ホッペタが　おっこちるほど　うまい」らしい。

怪奇と神秘

これぞ「図書室にあった怖い本」！誰もが忘れられない名シリーズ

『少年探偵団』シリーズ

江戸川乱歩・著／ポプラ社 1964年〜

（現在は新装版のハードカバーが刊行中だが、旧版を文庫化した「ポプラ文庫クラシック」シリーズも販売されている）

七〇年代の「学校図書館にあった怖い本」といえば、なんといってもポプラ社の「少年探偵団」シリーズということになるだろう。一九六四年からさまざまに装丁を変えながら刊行されるロングセラーだが、柳瀬茂画伯らが手がけたおどろおどろしい旧版の表紙絵のインパクトは、僕ら世代の幼少期の記憶に鮮やかに刻まれているはずだ。この版の人気は根強く、現在ではデザインをそのままに文庫化した「ポプラ文庫クラシックシリーズ」として販売されているし、ミニチュアがガチャガチャのネタになったこともある。

あの独特の筆致で描かれた表紙絵のいくつかは、今も鮮明に覚えている。特に怖かったのは、闇夜にボーッと光る人の姿が浮かびあがる『夜光人間』、リアルなミイラがこちらに迫ってくる『二十面相の呪い』、楽しげなサーカステントとともに帽子をかぶったドクロが描かれていた『サーカスの怪人』。

また、不気味に笑うお面のインパクトが絶大だった『黄金仮面』も直視できないほど怖かったが、残念ながらこの『黄金仮面』以下の巻は現行の「ポプラ文庫クラシックシリーズ」などにも含まれておらず、完全な絶版状態。江戸川乱歩の大人向け小説をもとに武田武彦らがリライトしたものだったため、シリーズからはずされているそうだ。

これほどまでに記憶に残る名シリーズではあるが、実は僕自身、どうも思い入れはいまひとつで、それほど夢中になった記憶がない。小学生時代に『怪人二十面相』と、確かもう一冊『宇宙怪人』だかを読んで、「あれ？　表紙の感じほどおもしろくないぞ」と思って、それきりになってしまった。

この原稿を書くために記憶をたどり、怖かった表紙をあれこれ思い出していたのだが、「確か『夜光虫』って怖い絵だったよなぁ」と思って調べたら角川文庫版の横溝正史シリーズの表紙だったり、同じポプラ社の「ルパン」シリーズなどとも記憶が混線していたりで、やはり僕はこの名シリーズに関してはあまり語る資格はないようだ。

「つまらない作家」と思っていた江戸川乱歩の恐ろしさにようやく気づいたのは、恥ずかしながら高校生になってから。うっかり『孤島の鬼』を読んでしまって戦慄し、しばらくは中毒患者のように乱歩ばかりを耽読していた。

それにしても、小学校の同級生に乱歩マニアは多く、そういう連中は大人向け作品も読んでいたはずだ。彼らはあの年齢で『孤島の鬼』や『パノラマ島奇談』を読んでいたのだろうか？

シリーズ紹介

「怪奇系児童書」から本格的な文学へ その架け橋となった名シリーズ!

『少年少女講談社文庫』（ふくろうの本）シリーズ

講談社 1972年〜（現在は絶版）

1972年より80年代前半ごろまで刊行されていた。「名作と物語」「伝記と歴史」「科学・記録となぞなぞ」「図鑑と図解」の４ジャンルがあり、カバー背表紙の色で区分けされていた。目印は「ふくろうマーク」

僕が読書好きになったきっかけ、というか、小説というものに没入するようになった原因は、間違いなく「少年少女講談社文庫」、通称「ふくろうの本」シリーズとの出会いにあった。

最初の一冊である『透明人間』（H・G・ウェルズ）を読んだのは九歳のころだったが、それ以前は絵本、童話や民話、学校が指定するタイプの児童文学などの読みもの、そして、友達とまわし読みをする図解中心のオカルト系、ホビー入門系のいわゆる「怪奇系児童書」と呼ばれるたぐいのものにしか触れていなかったと思う。

今考えてみるとそのラインナップは本当に絶妙で、当時の男の子たちが夢中になっていたオカルティックな「怪奇系児童書」と、本格的な文学の架け橋になるような作品がズラリとそろっていた。偉人の伝記や日本の昔話、名作児童文学の翻訳にはじまり、ポーやウェルズはもちろん、小泉八雲の怪談、ジョン・ディクスン・カーの探偵小説、ド・ラ・クロワの海洋奇譚、そしてなんとラヴクラフトまでが子ども向けに訳出されていたのだ。さらには心霊、四次元、UFOなどをテーマにしたノンフィクション（なのか？）も豊富で、まさに当時の「小学館入門百科」や「ジャガーバックス」などの「怪奇系児童書」のシリーズを少しだけ文学寄りにシフトし、少しだけサブカル感を薄めたような独特のテイストだったのである。

その装丁のタッチも、親にねだって買ってもらえるギリギリのレベル。表紙も口絵も挿絵もかなり劇画調というか、グロくてエグいものが多いが、一応はなんとか児童文学の体裁にはなっている。このあたりのサジ加減、本当に巧妙である。

当時の親にとって「ふくろうの本」は「良書」と「悪書」が渾然一体となった非常にやっかいなシリーズだったと思うが、当時の子どもたちにとって、その存在意義は極めて大きかった。オカルト本からスライドして「ふくろうの本」を読み漁るようになり、そのまま本格的な読書の楽しみに取り憑かれてしまった子どもたちは無数にいたはずだ。僕もまさにそういう子どものひとりだった。

読書好きの七〇年代っ子たち、特に男の子であれば、誰もがどこかの段階で「少年少女講談社文庫」を通過していたと思う。それは、いわば文学的カオス世界への最初の入口だった。

以降、多岐にわたるシリーズのラインナップから、思い出に残る数冊を紹介したい。

冒険と空想

子ども心に突き刺さるバッドエンディングの洗礼

『透明人間』

Ｈ．Ｇ．ウェルズ・著
福島正実・訳／松井豊・絵
講談社（少年少女講談社文庫）1972年
（現在は絶版）

渋谷のデパートの書籍売り場で『透明人間』を発見したときが、「ふくろうの本」シリーズとの最初の出会いだった。これをねだったときの母親の複雑な表情は、今もはっきりと覚えている。あの不気味な表紙をしばらく見つめて「う〜ん……」と唸った後、「しょうがないわねぇ」という感じで買ってくれた。

ウチの親は「ちゃんとした本」であればほぼ無条件で買ってくれたが、「ＵＦＯ」や「心霊」関係の本は「自分のお小遣いで買いなさい！」という方針だった。母親は初めて目にする「ふくろうの本」のヤバめな装丁にかなり戸惑っていたが、しかし「一応はウェルズだし……」という判断をしたのだと思う。

この本は、僕に「この世にはなんの救いもなく終わる物語も存在する」ということを初めて教えてくれた一冊だった。九歳の僕にとって、これはまさに痛烈な「洗礼」だった。文字通りのトラウマだ。

もちろん、それまでも主人公が最後に死んでしまう話は何度も読んでいた。しかし、それらはすべてアンデルセン童話の『マッチ売りの少女』や『人魚姫』など、いわゆる「かわいそうな話」、悲劇だった。

しかし、『透明人間』の主人公、自らの肉体を透明化することに成功した科学者は、物語の最初から最後まで徹底して傲慢で粗暴。共感も感情移入もできず、かといって「悪役」としても成立していない。「化物」となったことで「正常」な人間たちから追われる身となり、おそらくもともと彼が持っていた歪みはますます屈折し、終始、ただ「嫌な感じ」を濃厚にふりまき続ける。そして最後、「善意の市民」たちに取り巻かれ、まるで野良犬のように叩き殺されて物語はプツリと終わってしまう……。

子ども部屋の布団のなかで読み終えたとき、悲しさとも恐怖とも違う未知の衝撃でゾワゾワと鳥肌が立ち、ドキドキと心臓が高鳴った。まったく「かわいそう」とは思えないのに、自分でも把握できない感情によって変な涙が止まらなくなって、一睡もできない。それは物語そのものに対する反応というより、こういう種類の物語が存在する、ということへの衝撃だったのだと思う。大げさに言えば、見慣れた世界が変わってしまったかのようなショックだ。

しかたなく、親の寝室に逃げ込んだ。すでに小三にもなって恥ずかしくてたまらなかったが、「あの本を読んだら寝られなくなっちゃった」と白状した。母親は「あんなの読むからよ！」と笑っていた。

冒険と空想

不思議で怖くて笑えて泣ける
示唆に富んだ傑作SF短編集!

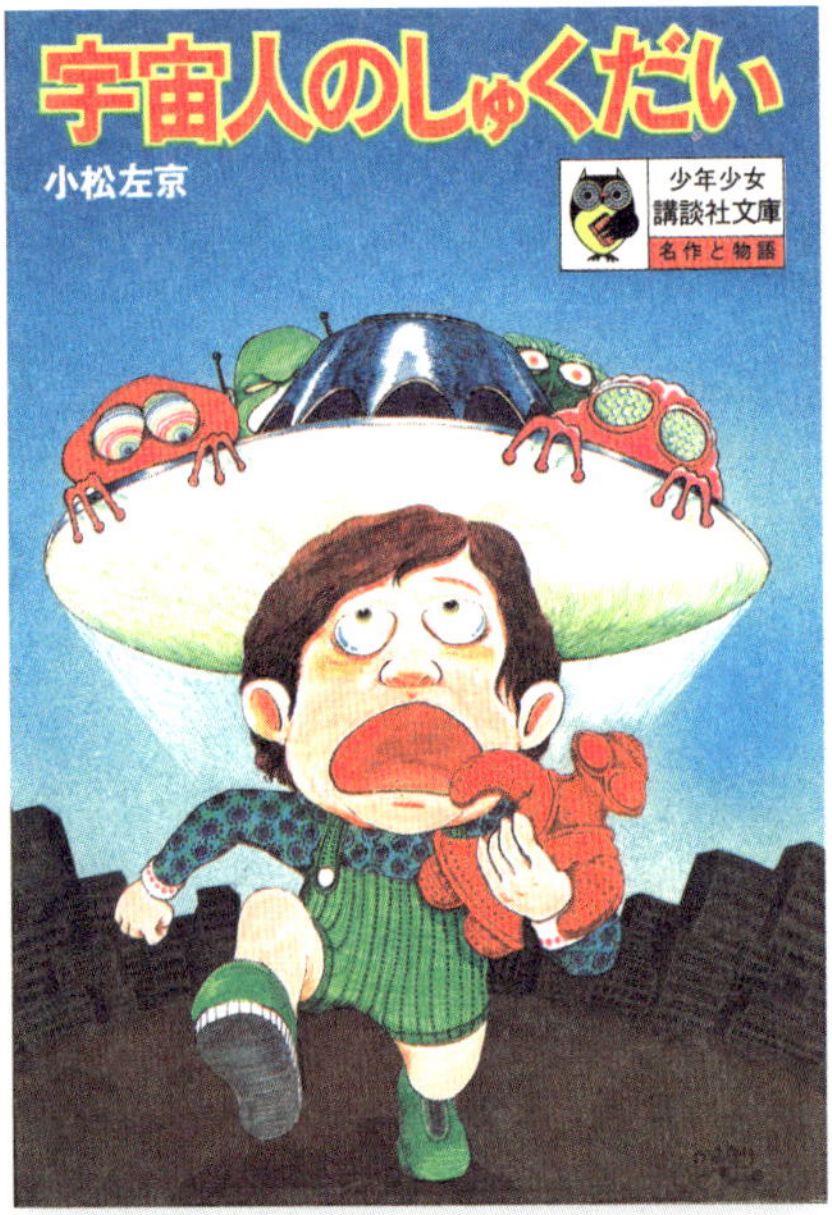

『宇宙人のしゅくだい』

小松左京・著
ウノ カマキリ、林正巳、熊谷溢夫・絵
講談社(少年少女講談社文庫) 1974年
(現在は「講談社青い鳥文庫」から刊行中)

「少年少女講談社文庫」のなかで一番好きな作品をどれか一冊選べと言われれば、迷うことなく本作をあげる。この『宇宙人のしゅくだい』

は、読書は本来、個人の密やかな楽しみのためにあるということ、本というものは学校の先生が推奨するような、見え透いた教訓を伝達するだけの「教育ツール」ではない、というあたりまえのことを最初に知る作品として、最適な短編集だ。読書の多彩な楽しみ、文学の多様性を驚きとともに教えてくれるさまざまな味わいの短編が、ちょうどよいバランスで収録されている。また、ウノカマキリ、林正己、熊谷溢夫らの個性に満ちた挿絵の数々も素晴らしい。残念ながら現行の「講談社青い鳥文庫」版では、すべての絵が差し替えられてしまっているが……。

小松左京が得意としていた大人向けショートショートにあるような、ヒヤリとするどんでん返し的なオチのある作品、なんとも不思議な印象を残す、子どもにとってはちょっとだけ難解な作品、古典的怪談をSF的に語りなおしたような不気味な作品……そのバリエーションの豊かさと配分が、本当に見事。ただ説教くさかったり、迎合的だったりする本にばかり触れてきた子どもたちを冷たく突き放したり、意地悪く戸惑わせたり、怖がらせたりもしながら、それでもちゃんと子どもに寄り添った児童文学として成立していると思う。

「おもしろくてためになる!」は戦前から講談社のモットーだが、まさに本作はそういう児童書だ。スリルもサスペンスも恐怖も笑いもあって、さらには夢と希望と教訓もある。

教訓といえば、本作には戦争を扱った短編が多い。今読むと、いかにも「戦後民主主義」的な「反戦」メッセージ、さらには人類そのものへの疑念ともいえるような批判精神が濃厚だ。こういうタッチのSF作品は、当時のマンガや各種特撮映画、とりわけその傾向が強かった『ウルトラセブン』などで育ったぼくら世代には、ごくありがちな「ベタ」なものなのだが、若い人が読めば「左派偏向教育の産物！」といった印象を受けるのかもしれない……ということを考えだすと、話がどんどん脇道にそれていくのだけど、七〇年代の子どもたちが読んできた児童書をまとめて読み返して思うのは、当時の児童文学がひとつの大きな「使命」として取り組んできた「戦後民主主義」教育や「反戦」教育は、やはり多くが「失敗」してたのかもなぁ……という、なんともトホホな徒労感なのだ。

もちろん「失敗」したから今がこうなってるわけで……と言ってしまえばミもフタもないが、当時のいわゆる「反戦文学」を読み返してみると、「これで子どもたちの心を動かせると本気で思ってたのかな？」と不思議な気持ちになってしまう。つまり、あんまり言いたくないけど、圧倒的に「つまらない！」ものが多いのだ。

それはたぶん「正しいことを書いている！」という強力な自負が、作家としてのアイデアや工夫を放棄する免罪符になっていたからなのだと思うが、それ以上に、なにか肝心なことがいつもスッポリ抜けている。「正しいことを書いている！」という自負を持ちながら、書きにくいことはやはり書いていないのである。

そのスタンスで戦争を語れば、残るのはなにやら曖昧な内容の説教と、昔の人は「苦しかった」「悲しかった」「悲惨だった」といったやみくもな情感だけが詰まった湿っぽい浪花節部分のみで、そんなものにはやっぱり子どもはつき合わないし、わからないよ……と、あのころ大量の「反戦文学」と「反戦映画」を押し付けられていたころの気持ちがよみがえってきて、いろいろブチまけたくなってくるんだけど、まぁ、僕も書きにくいことはやはり書かない。

その点、当時のマンガやアニメ、SF小説、特撮映画などに類する作品、つまり、かつては文学と教育の側から蔑まれてきたサブカルチャーに属する作品は、よっぽど「失敗」を逃れている。子どものころに触れてドスンと衝撃を受けて、今また触れなおしてみても、やはり当時と変わらない衝撃があったりして、この『宇宙人のしゅくだい』もそうした作品のひとつだ。

「わたしたちが、おとなになったら、きっと戦争のない星にして、地球をもっともっと、たいせつにするわ。だから、おねがい！　ほろぼしたりしないで……」

表題作『宇宙人のしゅくだい』で、地球人を好戦的で凶暴な種族と見なして滅ぼしに来た宇宙人に、小学生のヨシコが哀願する台詞だ。

読み返してみると、物語は当時の社会派SFの典型的なパターンで、小学生向けの作品らしく、台詞の内容も極めてチープで単純。

でも、子どものころに読んだとき以上に、この台詞はヒリヒリする。初めて読んでなにがしかのことを考えたであろう子どもの自分と、「わたしたちが、おとなになったら」という未来、当時はずっと先に感じていた「二一世紀」に大人として生きてしまっている今の自分が、残酷に引き裂かれていくような気持ちになる。

大人になったヨシコは、今、どこでどうしているだろう？

怪奇と神秘

死ぬまで忘れられない衝撃!
無数の犠牲者を出したトラウマ本

『わたしは幽霊を見た』

村松定孝・著／堂 昌一・絵
講談社（少年少女講談社文庫）1972年
（現在は絶版）

本書に関しては、僕ら世代にはいっさい説明不要である。子ども時代に一度でも手にしたことがある人なら、耳元で「大高博士……」とささやいただけで「ひぇ〜っ！」と悲鳴をあげて耳をふさぐだろう。……などと言っても本書と出会う機会がなかった人にはなんのことだかさつぱりわからないと思うが、とにかくこれは「キング・オブ・トラウマ本」なのだ。

「怪奇系児童書」のなかでも比較的まっとうな読みものとして先生やPTAからも容認された「少年少女講談社文庫」の一冊だったため、多くの学校図書館、学級文庫にシレッと紛れ込んでいた。この種のものに飛びつくオカルト愛好少年少女だけではなく、オカルト耐性の低い「よい子」たちも大量に犠牲者となったのである。

が、全体の内容について記憶している人は非常に少ない。トラウマとして語り継がれているのは、口絵にある一枚のイラストのみだ。

本書の著者は、泉鏡花研究などで知られる国文学者、村松定孝。児童文学の翻訳にも定評のある人物である。「少年少女講談社文庫」らしく、本書もかなり教育的で正統的。ほかの「怪奇系児童書」と比べてエログロ要素皆無のまっとうな（？）実話怪談集だ。堂昌一の古風な挿絵を配したテキストはときに物悲しく、ときに教訓的で、いかにも日本の心霊話として味わい深いが、いかんせん七〇年代っ子たちには古臭く感じたのは否めない。正直、当時の僕も怪談としてはおもしろくないなぁ……などと思っていた。

この本は、その内容ではなく、冒頭にある口絵の一枚によって永久に児童書の歴史に刻まれる稀有な作品なのである。

問題の絵は、「昭和二七年、大高博士をおそったほんものの亡霊」と題されたもので、一ページすべてを使って掲載されている。今見ると前ページの「お菊人形」のモノクロ写真もかなり怖いが、「大高博士の亡霊」のインパクトはそれを吹き飛ばすほど絶大だ。

絵の対向ページには手記が掲載されている。それによると、大高興博士は当時青森在住の医師。昭和二七年八月二〇日、下北半島に旅行し、現地の病院に一泊する。その夜、問題の亡霊が出現したというのだ。ドアの外に人が立つ気配がしたので、声をかけると誰かが「とても寒いんです……」と答える。「では中へどうぞ」と招き入れると、ドアが開いて「異形の者」が現れた。「それ」はフラフラを部屋を進み、博士のベッドに入ってきたそうだ。

絵は、博士が叫び声をあげて「異形の者」を追い払い、その直後にスケッチしたものだ。手記には出現現場の部屋の見取り図があり、「異形の者」が徘徊した経路が丁寧に記されている。

そして、そのスケッチなるものが、なんというか、もうとにかく強烈に異様！　大高博士は医学の権威なのかも知れないが、画才はまるでなかったらしい。大人とは思えぬ稚拙なタッチで、巨大な目と口を持ち、喉元に穴（？）の開いた文字通りのバケモノが描かれている。これが絵のヘタさや粗っぽさもあいまって、言うに言われぬ迫力を帯びているのである。

未見の人は、本書を古書店などで発見したらぜひチェックしていただきたい。正直、大人の目で見ると「なんだ、こりゃ？」で終わりかもしれないが、小四くらいの感性に戻って、ちゃんと手記やキャプションを読んだうえで、問題の絵をじっくりと眺めてほしい。あのころの僕らが感じた「ひぇ～っ！」という衝撃が少しはご理解いただけると思う。

怪奇と神秘

昭和っ子を魅了した「幽霊船」！
定番の逸話を集めたアンソロジー

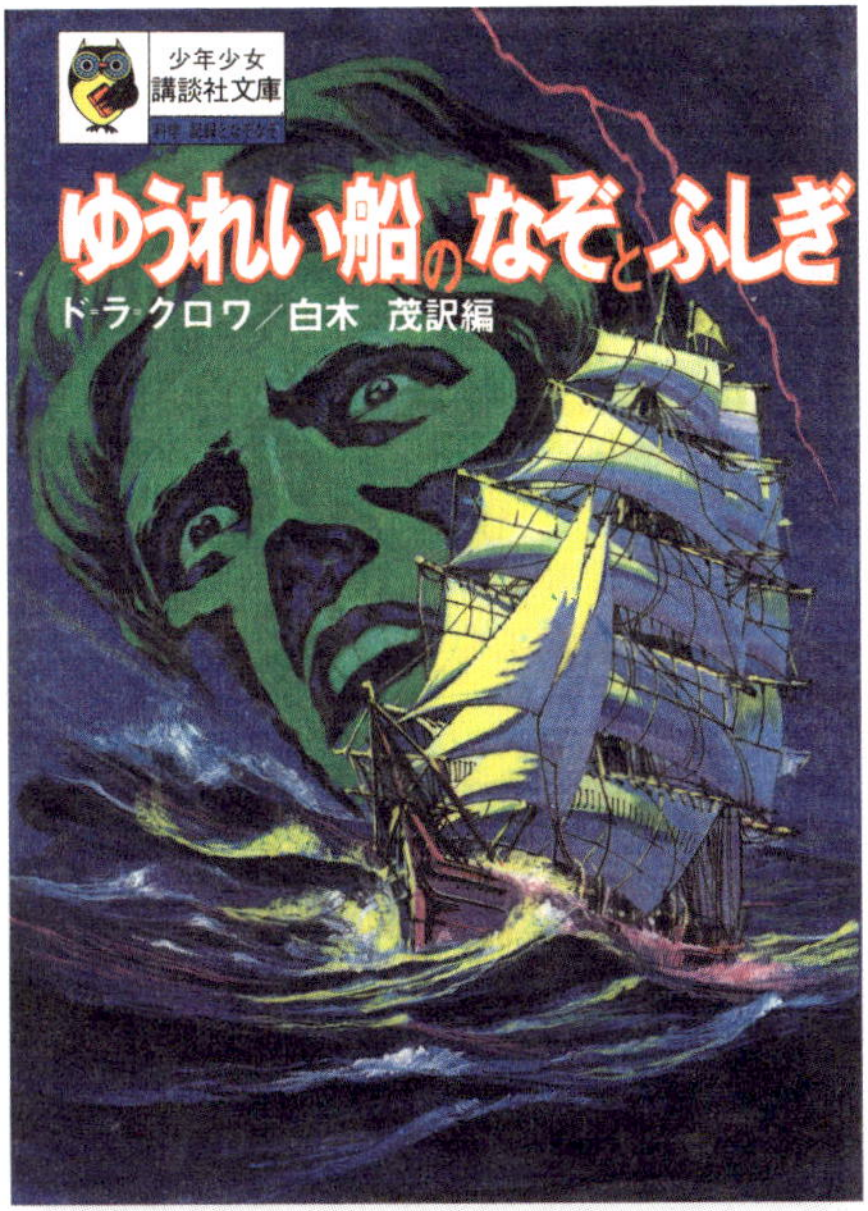

『ゆうれい船のなぞとふしぎ』

ド・ラ・クロワ・著／白木 茂・訳編
講談社（少年少女講談社文庫）1972年
（現在は絶版）

オカルトブーム全盛の七〇年代、心霊、超能力、UFO、UMAなど、さまざまな定番ネタが子どもたちを魅了し、これらをテーマとした「怪奇系児童書」も続々と刊行された。多くは今もサブカル領域で継承されているが、当時は定番だったのに今ではほとんど語られることのないジャンルが、少なくともふたつあると思う。

ひとつは「四次元」ネタ、もうひとつが「幽霊船」ネタだ。子ども時代、怪談や各種「不思議な話」のなかでも「四次元」と「幽霊船」関連が特に大好きだった僕は、主に八〇年代以降、このふたつがすっかり廃れてしまったことが常々不満だった。

「四次元」に関しては次項で語るが、「幽霊船」については、思えば七〇年代後半においてさえ、どうもすでに「時代遅れ」になりかけていた。

昭和三〇年代あたりまでは海洋冒険小説が児童雑誌の人気コンテンツで、そのサブジャンルのような形で「幽霊船」エピソードが掲載されることが多かったが、高度成長期以降、こうしたものに子どもたちがリアリティーを持ちにくくなったのだろう。

しかし、それでもまだ多くの「怪奇系児童書」が、いわゆる「幽霊船実話」を定番ネタとして掲載していたし、その種の話ばかりを集めた児童向け読みものも多数刊行されていたのだ。

同世代であれば、「航海史上最大の謎！」といわれた「メアリー・セレスト号事件」の話は何度も目にしているはずだ。無人の漂流船が発見され、内部を調べてみたら船内にはまったく異常がない。装備も正常。なにか事件が起きた形跡もなし。食糧も充分にある。なのに、乗組員の姿だけが見あたらない。当時の児童書では、テーブルにはまだ湯気のたっているコーヒーカップが置かれていた……などと、ついさっきまでそこにいた人が忽然と姿を消してしまったのである！　みたいなガセの尾ヒレをつけて伝えるのが常套手段だった。

また、より生々しい「良栄丸事件」も定番エピソードだ。大正時代、和歌山の漁船「良栄丸」の乗組員全員が原因不明のまま死亡・行方不明となり、ミイラ化した死骸を乗せた船がアメリカに漂着した、という事件だ。なんとも謎めいた日記が残されていたため、これも当時の児童書では、おどろおどろしいエピソードを勝手に追加して掲載されることが多かった。

本書『ゆうれい船のなぞとふしぎ』は、このジャンルの第一人者、ロベール・ド・ラ・クロワの作品を子ども向けにまとめたものだ。当時の典型的な「幽霊船」本である。

ド・ラ・クロワは船員経験のあるフランスのジャーナリスト・ノンフィクション作家で、海にまつわる不思議な話を多数書いた人物。

僕のように本書を何度も読み返した子どもは、後に白水社から刊行された彼の『海洋綺譚集』も読むことになるのが定番のコースだった。

ところで、本項には子ども時代にいちばん好きだった「幽霊船」エピソードについて書きたかったのだが、残念ながら、どうしても本を特定できなかった。それらしい本をチェックしまくったが、見つからないのである。

ある港に巨大な帆船が入ってくるのだが、その船は近づけば近づくほど小さくなって、最後は消えてしまう……という逸話で、一応は実話として紹介されていた。大勢の人々が出迎えるなかで忽然と船が消失するという展開が怖くて、何度も何度も読み返した記憶がある。

怪奇と神秘

おもしろくてためになる?
「四次元本」の最高峰!

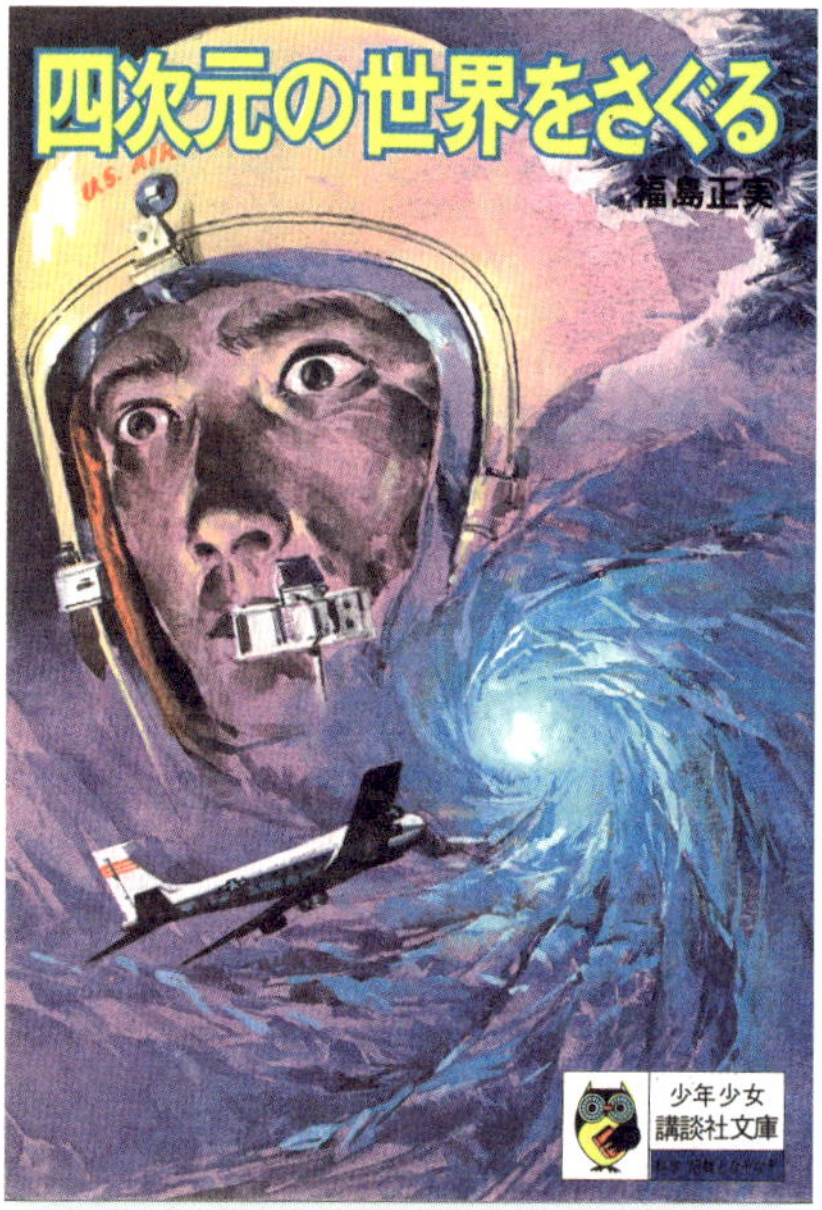

『四次元の世界をさぐる』

福島正実・著／桑名起代至、緒方健二・絵
講談社（少年少女講談社文庫）1973年
（現在は絶版）

「幽霊船」と並んで、現在は一部のマニアしか語らなくなったオカルトネタが、いわゆる「四次元」もの。「いつもの路地を曲がると見知らぬ田園風景が広がっていた」とか、「都心をクルマで走っていたら山道に出てしまった」という奇譚のたぐいだ。こうした「時空のねじれ」に類する体験談などを集め、それを解説したのが、かつては多数刊行されていた「四次元本」である。

心霊譚とはひと味違う味わいがあって、七〇年代の子どもたちにはかなりの人気を博したジャンルだった。著名な「怪奇系児童書」のシリーズには、たいてい一、二点の「四次元本」が含まれていたと思う。かの中岡俊哉先生もこの種のものを得意としていて（あの先生は不思議なものならなんでも得意なのだが）、多くの作品を発表している。

ブームのベースにあったのは、おそらく「魔の海域＝バミューダトライアングル」だろう。

一九世紀末から語られる「世界の七不思議」的怪異譚だが、バミューダ、プエルトリコ、フロリダを結ぶ三角地帯で、なぜか多くの船舶や航空機が消息を絶っているという逸話が流布し、この一帯に「別次元の入り口があるのではないか？」などといわれていた。特に七〇年代後半、『未知との遭遇』『エアポート'77』などの映画にも登場し、子どもたちは幽霊ネタよりもっと科学的（？）というか、ＳＦ的な要素に一定のリアリティーを感じていたのである。

ただ、「四次元」というのは非常に曖昧なテーマだ。当時の子ども向け「四次元本」をあらためてチェックしてみると、ただの幽霊話集だったりすることも多く、「不思議なものならなんでもいいんだろ？」みたいな大雑把な方針で編集されているケースも目立つ。

中岡俊哉作品も、いわゆる「神隠し」の話や、今はもうないはずの自分の生家に紛れ込んでしまう人の話など、日本的にジメッとした「四次元」エピソードが掲載されていてなかなかおもしろいのだが、ここで「四次元本の最高峰!」として紹介したいのが、「少年少女講談社文庫」の一冊、『四次元の世界をさぐる』だ。

本書には当時の有名な「四次元関連事件」(?)がほぼ網羅されているが、一九六三年に茨城県で起こった「車両消失事件」が詳しく解説されている。水戸街道を走っていた黒いトヨペット・クラウンが、突如、水蒸気のようなものに包まれて忽然と消えた! という事件で、当時の毎日新聞でも報道された。

この事件は本書に掲載されたことをきっかけに子どもたちの間で非常に有名になり、後発の「怪奇系児童書」の定番エピソードとなっている。

ただ、本書の著者はオカルトライターではなく、SF作家であり、早川書房『SFマガジン』初代編集長も務めた福島正実。日本におけるSF文学の立役者のひとりだ。そのため各エピソードの解説はありがちなコケ脅し的なものではなく、まっとうに科学的で、物理学の研究史や相対性理論の基礎を学べる内容になっている。

当時、僕はこれを読んで、時間、空間、光などは非常に不確かなもので、世界は人が体感で把握しているものとはまったく違う……ということを知り、好奇心がビンビンと刺激された。アインシュタインを知れば、そうしたことがもっとわかるらしい。それで確か、講談社ブルーバックスだか、初歩の相対性理論の解説書を一冊買ってきて、がんばって読んだのだ。

すべてがチンプンカンプンで、なにひとつわからなかった。

ユーモアと笑い

大昔の魔女が書いたの?
不思議な魅力を宿す伝承童謡

『まざあ・ぐうす』

北原白秋・訳／鈴木康司・絵
KADOKAWA（角川文庫）1976年
（1921年にアルス出版から刊行。現在、角川文庫版も絶版しているが、青空文庫やkindle版で読むことができる）

「マザー・グース」といえば、やはり谷川俊太郎ということになるのだろう。いかにも谷川らしいシンプルな日本語で伝承童謡を紹介した『マザーグースのうた』は、七〇年代の日本にちょっとした「マザー・グース」ブームを巻き起こした。この谷川版で初めて「マザー・グース」

の世界に触れた人も多いと思う。

だがっ！　僕としては誰がなんと言っても「マザー・グース」といえば北原白秋なのである。「マザー・グース」ではなく、『まざあ・ぐうす』なのである。谷川版の和田誠や堀内誠一のイラストも、そりゃあもちろん素晴らしい。しかし、こればっかりは鈴木康司＝スズキコージの絵じゃなきゃダメなのだ！


本書『まざあ・ぐうす』は、白秋が大正九年から児童雑誌『赤い鳥』などで発表していた「マザー・グース」の日本語訳をまとめ、さらに新たに手を加えて大正一〇年に刊行されたもの。日本で「マザー・グース」が広く知られるきっかけとなった一冊だ。

僕は小三のときに、例によってこっそり覗いた母親の本棚で角川文庫版を見つけたのだが、思わず「なんだこれ？」と口に出してしまうくらいにヘンテコな本に見えた。楽しげなのか不気味なのかわからない表紙、アハハ！と笑った直後にちょっと不安になるような挿絵の数々、そして小さな子どもが即興でつくった歌のような、馬鹿馬鹿しくて、ナンセンスで、ユーモラスで、ときにビックリするくらいに乱暴だったり残酷だったりして、なにやら魔術の呪文のようにも思われる白秋の言葉……。

思えば、あれが詩集というものを手にした最初だったのかもしれない。詩集特有の余白だらけのページも、なんだか書きかけの本のように見えて不思議だった。当時の僕には一種の「奇書」のようなものに思えて、たとえば魔導書『ネクロノミコン』のように、この本そのものになにか変な力が宿っているような気さえしたものだ。

白秋版は「あまりにも不正確な意訳が多い」とか「収録点数が少なくて不完全」といった指摘もあるようだが、しかし、天真爛漫さと邪悪さが渾然一体となった伝承童謡のあっけらかんとした魔力のようなものを、これほど濃密にまとった本はやはりほかにないと思う。

また、よく問題になるのが「はしがき」の記述だ。白秋はここで「グウスおばあさん」なる人物が実在し、彼女がこれらの歌をつくったのだと語っている。もちろんこれは完全な誤りで、英語圏の民間伝承童謡の総称として用いられるようになったのが「マザー・グース」だ。一時期のアメリカで「マザー・グースは実在した!」といった説が流布され、白秋はこのデマを真に受けて「はしがき」を書いたらしい。

しかし、当時の角川文庫版の編集者が、この誤認に基づく「はしがき」をカットしなかったのはステキだと思う。これをはじめて読んだときの僕は、ガチョウにまたがった魔女のようなおばあさんの存在をなかば本気で信じてしまった。こんな詩を普通の人が書けるはずはない。人間離れした誰かの仕業に違いないと思えたのだ。

「なんにせよ誤った情報を子どもに与えるのは有害だ」と言われればそれまでだが、しかし、「人ならざるもの」が書いたのかも……という不思議な感じは、実は「マザー・グース」の魅力の核心でもある。人々が無意識のうちに語り継ぎ、時を越えて今に伝えられる民間伝承には、多かれ少なかれ「魔女が書いた」と信じても許されるような説明不能のなにかが宿っている。

日々と暮らし

池の水面に映った世界へ……
石井桃子の作家デビュー作!

『ノンちゃん雲に乗る』

石井桃子・著／中川宗弥・絵
福音館書店 1967年
（1951年に光文社から刊行。ひとまわり上の世代には、55年に鰐淵晴子主演で公開された映画も有名）

『クマのプーさん』はディズニーのアニメが有名だし、ディズニー版の絵本なども昔から大量に刊行されていて、当時の子どもたちにとっては幼児のころから耳慣れている定番のタイトルだった。しかし、原典というか、石井桃子版の翻訳をちゃんと読んだという子は少なくて、僕も初めて「おもしろいなぁ！」と興奮したのは小学校の高学年になってからだ。

この『ノンちゃん雲にのる』は『プーさん』以前にすでに読んでいたのだが、そのときの印象はまったく覚えていない。『プーさん』がおもしろかったから石井桃子という名前を記憶し、「あ、『ノンちゃん』を書いた人なのか」ということにあらためて気づいた。それで読みなおしてみたのだが、そのときの印象も希薄だ。

心に引っかかってくるものがなにもなくて、なんとなく肩透かしを喰ったような気分だった。本作を「いいなぁ」と思えたのは、すっかり大人になってからだ。

日本の児童文学を戦前から編集者として、翻訳者として、作家として、そして研究者として支えつづけた石井桃子については、とてもじゃないが僕などには語ることができない。「最大の偉人」といった空々しい言葉しか思い浮かばないし、しかし、「最大の偉人」みたいな言葉がまったく似合わない人、という印象でもある。

とにかく僕にとっては、『プーさん』をああいう日本語に訳したというだけで、もう人類史上最高の仕事をした「とんでもない人」であって、それ以上は語りようがないし、語る必要もないと、ついつい思考停止に陥ってしまう。

僕は彼女が作家として書いた創作やエッセイ、児童文学論のような本はたぶんほとんど読んでいると思うのだけど、「どんな人だったのか？」というのは、どうもよくわからない。もちろん間違いなく「スゴい人」なのだが、その「スゴさ」が、彼女の本からはわかりやすく伝わってこないのである。「スゴい！　スゴい！」みたいな風圧を感じられるたぐいの本もいっぱいあるが、彼女の本はなんだかいつも「無風」だ。

特に創作については、そういう印象が強い。最初に読んだときは不思議に曖昧で、物足りない感じがして、平凡な感じさえする。『プーさん』や『たのしい川べ』の翻訳の仕事のような、一読して「わぁ！」と思えるような素晴らしさがない……のだが、『山のトムさん』や『三月ひなのつき』などの児童文学も、『幼ものがたり』や『幻の朱い実』のような自伝的作品も、ふと読み返したときに以前には感じられなかった「あぁ、いいなぁ！」をちゃんと感じられるような作品になっている。

単に僕が鈍感ということなのかもしれないけど、なんだか不思議な人だなぁと思う。

この『ノンちゃん雲に乗る』も、僕にとってはそういう「無風」の本だった。ファンタジーとしては中途半端で、妙に「よい子」な主人公の「ノンちゃん」にも強烈な魅力はない。子ども時代に読んだときには「結局、なんの話だったの？」という感じだったが、後で読み返すとやっぱり「ちゃんといい」のだ。誰かに「いいよ！　いいよ！」と語りたくなる「よさ」ではなくて、もっとシミジミと「よい」のである。

たぶん彼女が生涯の全仕事を「自己表出」といったことではなくて、真に「子どものために」捧げていたから、というところに秘密があるような気がするのだけど、いずれにしても僕は、きっといつまでも石井桃子という人の全体像を把握した気にはなれないのだと思う。

冒険と空想

リアルに描かれる「21世紀」の暮らし 昭和の「未来感」にあふれた一冊!

『空中都市008 アオゾラ市のものがたり』

小松左京・著／和田誠・絵
講談社（講談社青い鳥文庫）2003年
（1969年に講談社から単行本化。同年、NHKで人形劇化され、これに基づく絵本なども多数刊行された）

「空想科学」、つまり未来への憧れとか、科学への信奉とか、二一世紀への夢といったものに関するコンテンツが子ども文化を席巻しはじめるのは、戦後、主に一九五〇年代からだ。

それらは、敗戦までは男児向けエンターテイメントとして非常に大きな位置を占めていた「戦記」などのミリタリー関連のコンテンツがGHQによって封印され、その代替物として誕生したものだった。戦艦大和などの兵器イラストで大人気を博した小松崎茂が、戦後は二一世紀の未来都市を描いたことでもわかる通り、「未来」は「戦争」の代わりに男の子たちにあてがわれたテーマである。

「空想科学」コンテンツは高度経済成長とともに加速度的に急増し、そのひとつの到達点が一九七〇年の日本万国博覧会開催時。そのころに物心がついた僕ら世代は、万博から数年間続いた「未来ブーム」の真っただなかで少年時代を過ごした。僕らが触れる多くの児童書、マンガ、テレビ番組が二一世紀を語り、僕らは「未来への夢と希望」に首まで浸かって育ったのだ。

そんな僕らにとって、『空中都市008』はバイブルのような、いや、正真正銘の「予言書」のような一冊だった。これは単なるSF小説ではなく、僕らが大人になるころの時代を先取りして解説してくれた「未来の本」だったのだ。

ここに描かれる二一世紀の生活は、単にSF作家が空想ででっちあげたものではない。小松左京が綿密な取材と科学考証を重ね、近い将来本当に実現可能な、あるいはすでに実現されてテスト段階に入っているテクノロジーによって成り立っている。つまり、ここには「本当の二一世紀」が描かれているのである！

……当時、僕らはそう信じて読んでいた。

物語に登場する自動操縦のエアカーも、ブロックのように自在に組み替えられるカプセル型住居も、僕らが大人になるころには珍しくもなんともないものになるのだと思っていた。現に本書刊行から三年後、新橋には世界初のカプセル型タワー「中銀カプセルタワービル」が完成している。あの未来感に僕らは大興奮した。

また、宇宙への家族旅行や月への移民、お手伝いロボットなども、いつか現実のものになると信じていた。当時、夏休みが終わるとクラスにひとりくらいは「ハワイに行ってきた！」というヤツがいたが、そのくらいの割合で「火星に行ってきた！」というヤツが出てくる時代が来ると思っていたのだ。

ところが、現実はご覧の通りである。

小松左京が嘘つきだった、という話ではない。『空中都市００８』に登場するテクノロジーの多くは、確かに当時は研究が進んでおり、実用段階に入っていたものも多かった。後に実際に商品化されたものも少なくない。しかし、問題は個々のテクノロジーが実現可能かどうかということではなかったのだ。あのころの「未来への夢と希望」は、どこかの段階でなんだか知らないがウヤムヤになり、潰え去ってしまったらしいのである。

「本当の二一世紀」は未来感あふれるユートピアではなく、どうでもいいことばかりがちょっと便利になっただけの退屈な日常だった。おまけに、本書で描かれる二一世紀では公害も戦争も過去のものとなっているが、現実には冷戦の時代以上に問題と矛盾が山積している。

「未来への夢と希望」の到達点だった大阪万博

開催時は、高度成長の明らかな失速と深刻化する公害問題、米ソの核ミサイルの威嚇などによって、それまでの日本を覆っていた「モーレツ」な邁進ムードが完全に停滞してしまう時期でもあった。「未来志向」はピークに達した時点で方向を失い、「反省と不安」の時代がはじまる。

　この傾向を子ども文化もモロに受けて、児童雑誌などは「未来への夢と希望」を語る一方で、『日本沈没』と『ノストラダムスの大予言』で巻き起こった「終末ブーム」に便乗したオカルティックな記事を大量に掲載しはじめる。

「未来への夢と希望」に首まで浸かって育った僕ら世代は、真逆のベクトルを持つ「終末ブーム」にも首まで浸かって育った世代でもあった。「躁」と「鬱」の間でなにがなんだかわからないままアタフタしていたら八〇年代がやって来て、なしくずしにバブルに突入し、現世的で刹那的なアレコレにまみれてまたアタフタしている間に、かつて僕らが夢見た「未来」は呆れ果ててどこかへ行ってしまったらしい……。

　本作を読み返す現在の僕らが強烈な郷愁を感じるのは、「アオゾラ市」が、当時二一世紀を夢見ていた少年たちすべての故郷であり、ここにこそ「来るべき未来」があると誰もが信じていた日々を思い出すからだろう。

　僕らはそこからずいぶん遠く離れてしまってはいるけれど、それでも、『空中都市008』で描かれた「懐かしい未来」は、今もどこかで僕らを待ってくれているような気がしてならない。

冒険と空想

80万年後の世界……
時間旅行者が目にした
究極のディストピア

『タイムマシン』

H. G. ウェルズ・著／塩谷太郎・訳／
岩淵慶造・絵
岩崎書店（フォア文庫）1979年
（「岩波少年文庫」「偕成社文庫」などからも刊行中）

「少年少女講談社文庫」の『透明人間』でウェルズの洗礼を受け、すぐに同文庫の『宇宙戦争』を読んだ。これにも心底夢中になったが、「少年少女講談社文庫」から出ているウェルズ作品はこの二冊のみ。「もっと読みたい！」と思って本屋さんを物色し、見つけたのが「フォア文庫」

の『タイムマシン』だった。

『透明人間』や『宇宙戦争』は内容にも衝撃を受けたが、「少年少女講談社文庫」特有のエグいイラストや装丁も魅力的だった。ところが、「フォア文庫」はやはり良識的な児童文学のシリーズで、本のつくりも非常に優等生風。挿絵も極めておとなしく、お行儀がよかった。で、僕としては「なんだかつまんなそうだなぁ……」と思いながら読みはじめたのである。

ところが！　読みはじめたら止まらない。物語の禍々《まがまが》しさに「うわぁ、イヤだ、イヤだ！」と思いながらも、ページをめくる速さがどんどん加速してしまう作品だった。

八〇万年後の世界、人類が進化の果てに到達した原始的ユートピア。争いごともなくなり、完全な平和が実現されたかに見える世界で、人類は無垢な幼児のように退化し、世界は一種「エデンの園」のような楽園と化している。が、その描写には、なぜか一抹の「嫌な予感」が漂う。案の定、やがて「エデンの園」がおぞましい闇と境を接していることが明らかに……。

階級社会というか「格差」が、もはや笑うしかないほど絶望的に徹底され、天使のように無垢な富裕層と、それを餌として喰らう元労働者階級の「食人族」に人類が分岐する……という未来観は、確かにあまりに寓話的だし、予見的な空想科学小説というよりは、やはりエンタメ要素満載のホラーファンタジーだ。

しかし、オーウェルの『一九八四』などとはまた別のリアリティーが本作にはあると思う。

階級の上流も下流も等しく退化して知能を失い、ほとんど動物化し、それでも「格差」という制度だけは何十万年もの間、冷たく機能し続けているこの恐ろしさは、やはり現実のどこかの一点を痛烈に突いているのだろう。

『一九八四』も恐ろしい小説だが、小学生が読めば数ページで退屈して本を投げ出す。しかし、『タイムマシン』は子どもたちをも夢中にさせ、ウェルズの諦念に満ちたシニカルな未来観を正確に理解させてしまう。あの「ウィーナ」という、通常の物語では死んではいけない設定になっているはずのキャラクターの無残な最期は、僕にとっては『デビルマン』の「美樹ちゃん」の最期と並ぶ生涯のトラウマシーンだ。

難を言えば、といっても、これはウェルズのせいではないのだが、『タイムマシン』には決定版といえる映画が存在しないことだろう。

ウェルズ作品は多くが何度も映画化されており、『宇宙戦争』であればスピルバーグがサディスティックな本性を剥き出しにして撮った傑作があるし、『透明人間』も救いようのないド変態監督のポール・バーホーベンの悪意に満ちた傑作……とは言えないかもしれないが、冒涜的な会心の一作がある。しかし、『タイムマシン』のふたつの映画化は、どちらもイマイチ。あのゲンナリする読後感にはほど遠い無難さだ。

とはいえ、ジョージ・A・ロメロ以降、現在も無数に作られるゾンビ映画の系譜のなかに、ウェルズの『タイムマシン』のテーマは生きている。一二〇年も前に書かれたこの古典的空想科学小説は、今ももちろん「今日的」なのだ。

教科書
掲載作品と
課題図書

タクシー運転手が出会う
ポエティックな「怪異」

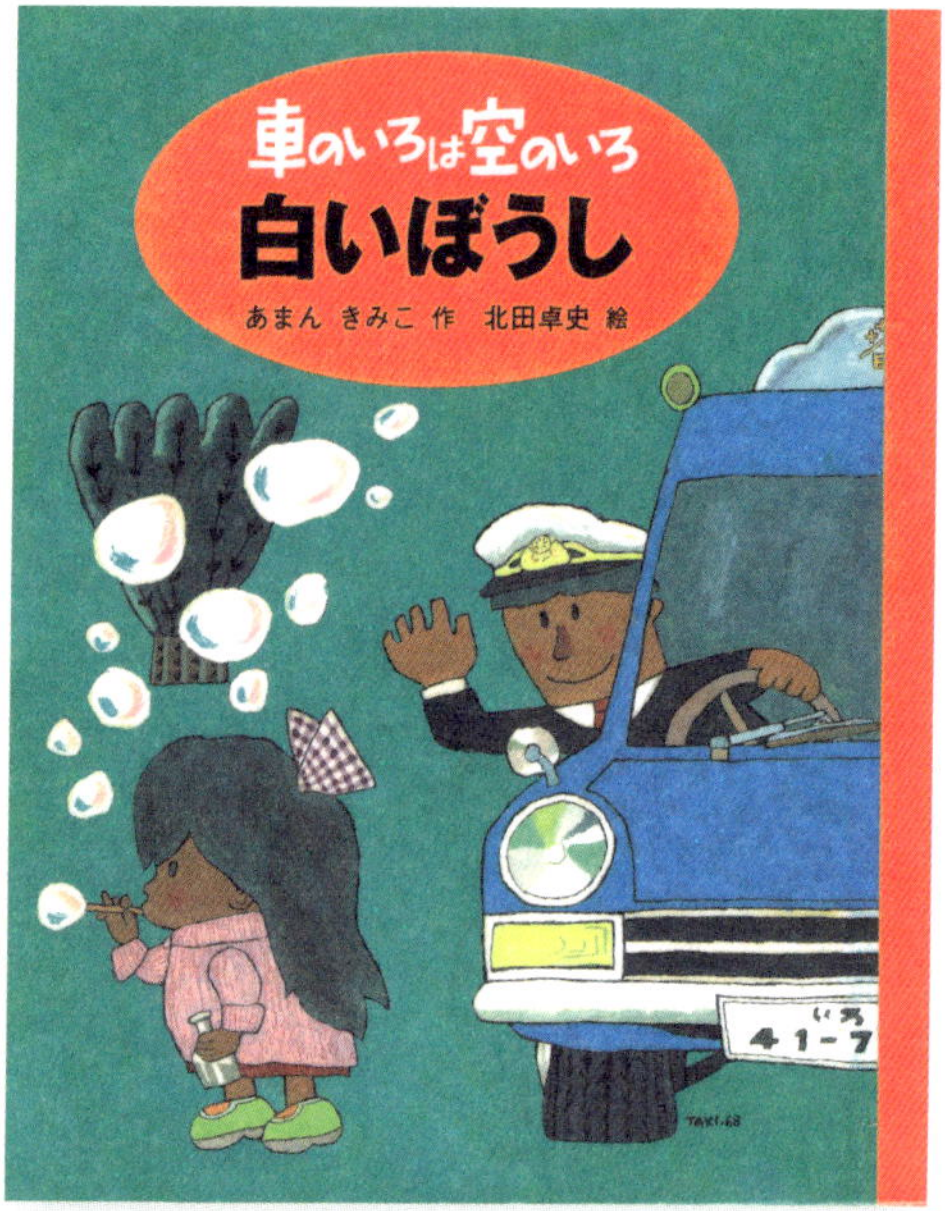

『車のいろは空のいろ 白いぼうし』

あまんきみこ・著／北田卓史・絵
ポプラ社 1968年
(「ポプラ社の創作童話」シリーズの一冊として刊行。現在は新装版のほか、「ポプラ社ポケット文庫」からも刊行中)

「これはレモンのにおいですか?」
「いいえ、夏みかんですよ」
同世代であれば、この会話のやりとりに子ども時代の記憶をくすぐられる人も多いのではないだろうか? 七〇年代、小学四~五年生の国語の教科書に掲載されることが多かったあまんきみこの『白いぼうし』の冒頭だ。

僕は小四のとき、光村図書の『小学新国語』という教科書で読んだ。当時は、まぁ、ほとんどの子どもがそうだったと思うが、「教科書なんかに掲載されてる作品はつまんない」みたいな思い込みがあって、授業で習った作品を、わざわざ図書室の本で読みなおすなんてことはまずなかった。しかし、この『白いぼうし』はどうも気になった。なんだか心に引っかかったのだ。

教科書掲載作品にありがちな見え透いた教訓のようなものも特にないようだし、先生は授業中にああだこうだと解説していたが、それもどうも納得できなかった。

その「引っかかり」は、要するにホンワカとしたファンタジーなのに、まんなかにヒヤリとする感じ、読んでる人をちょっと突き放すような冷たい感じがあるような気がして、それが教科書掲載作品らしくないと感じたのだと思う。しかし、その「ヒヤリ」はあまりに微妙で、言葉にして説明することができなかった。

それで、だいぶ後になってからだと思うが、この短編が含まれている連作のシリーズ『車のいろは空のいろ』を読んでみたのである。

数話を読み終わったところで、「えーっ！」とビックリしてしまった。

「これ、怪談集じゃないかっ！」

当時の子どもたちなら、この本を読めば誰もがそう感じたと思う。『白いぼうし』だけを読んでもわからないが、タクシー運転手「松井さん」が、次から次へとヘンテコな客を乗せて、わけのわからない体験をする『車のいろは空のいろ』は、当時の定番怪談、いわゆる「タクシー怪談」のアンソロジーなのだ。

そして非常に微妙なのは、怪談としては書かれていないし、怖がらせるための物語でもない。いくつかの作品はチクッとした不安を残すが、多くの作品はやはりホンワカしたファンタジー展開で、ある種の幸福感とともに終わるのである。なのに、やっぱり怪談だし、どの話も「ちゃんと怖い」のだ。僕らが普段読んでいたコケ脅し的な実話怪談集よりも、むしろ怖い。

授業で習った『白いぼうし』が引っかかったのも、要するに「怖かった」からなのだろう。気づかないうちに、感覚のどこかで怖さを感じていたのだと思う。

なんでそういうことになるのか、当時はまったくわからなかった。

久しぶりに先ごろ読み返して、この絶妙に不可思議な作品の構造や仕かけが、さすがに子どものときよりは少しは分析的に把握できるかなと思ったのだが、相変わらずやはりよくわからない。そして、よくわからないながら、やはり圧倒的におもしろい。

第一、あまんきみこは、どうやってこの「タクシー怪談」パターンの短編連作という素晴らしいスタイルを思いついたのだろう?

一説によれば、タクシーが謎の女の客を乗せるという「タクシー怪談」が人々の口にのぼるようになったのは、一九七〇年前後だといわれている。発祥は京都の深泥池《みどろがいけ》、もしくは東京の青山墓地周辺だとされており、深泥池では途中で女性客が消え、シートがぐっしょり濡れているというオチ。青山墓地だと女性客の行き先が墓地だったというオチだ。岐阜にも古くから同型の噂があり、これが後に「口裂け女」の都市伝説に発展したという説もある。

が、あまんきみこが本シリーズの最初の作品『くましんし』を『びわの実学校』に発表したのは六五年だというから、「タクシー怪談」が定番化する前だろう。だとすれば、この秀逸なスタイルは本当に「発明」だと思う。

『車のいろは空のいろ』の挿絵を手がける北田卓史はタクシーが大好きで、自分のペンネームも「タクシ」にしてしまったくらいだから、彼からのサジェスチョンもあったのだろうか？

傑作児童文学をオカルト方面からばかり語っていると怒られてしまいそうだが、怪談要素を抜きにしても、『車のいろは空のいろ』はやはり不可解で、どこか不穏で、なのに後味が爽快で、やはり「おもしろい」としか言えない作品だ。

なかでも特に『白いぼうし』は、ザワザワするような謎めきと、わけのわからない感動がある。やさしくて、どこか挑発的なのだ。

レモンと夏みかん、「ほりばた」から乗車する謎の「紳士」、赤信号、柳の下の白い帽子、消える少女、団地……。すべての要素になにか危険な意味があるような、しかし、それらを単純になにかのメタファーだなどと考えると、とたんに本質を見逃してしまうような、つまり、一生のうちに何度でも読み返したくなる魅力的な作品だと思う。

シリーズ紹介

あらゆる好奇心に対応!
70年代っ子たちの「基礎教養」

『小学館入門百科』シリーズ

小学館 1970年〜 (現在は絶版)

1970年から90年代にかけて刊行され、巻数は計200タイトルを超える。全ページに写真やイラストが満載で、図解形式でテーマを掘り下げていくスタイル。イラストや表紙絵などは当時の人気マンガ家が手がけることも多かった

七〇年代は子ども向けの実用書シリーズが各社から大量に刊行された時代だった。

今はあまり耳にしなくなった「ホビー」という言葉が特別な価値を帯びていて、子どもたちにとっても「趣味を持つ」ことがひとつのステータスになっていたのだと思う。高度成長が頂点に達した六〇年代から盛んに奨励されてブーム化した「レジャー」「レクリエーション」といったものが、子どもの世界にも大きな影響を与えていたのだろう。

当時の親や先生たちも、子どもたちに「なにか趣味を持ちなさい」とよく言っていたものだ。国語の授業などでは「私の趣味」みたいなお題で作文も書かされた。趣味を持たない子はかなり肩身が狭かったのだ。

そういう状況下で次々に刊行された子ども向け実用書、いわゆる「ホビー入門書」シリーズのなかでも、僕ら七〇年代っ子にもっとも人気だったのが、一九七〇年から刊行が開始された『小学館入門百科シリーズ』だ。とにかく広く普及したシリーズで、一冊も手にしたことがないという七〇年代っ子はまずいないと思う。当時の子どもたちの教養（?）のベースになっていた、と言っても過言ではない。

扱うテーマは多岐にわたり、シリーズ第一弾の『野球入門』などのスポーツ入門からはじまり、クイズ・手品、将棋、釣り、カメラ、切手・コイン、工作、鉄道・飛行機・船、ペット飼育、考古学、気象、天文……などなど、子どもたちのあらゆる興味に全方位的に対応。また、妖怪、超能力、UFOなど、オカルト系のタイトルも充実していた。

僕自身、このシリーズにはとにかくお世話になりまくった。なにかに対して新しい好奇心が湧きはじめると、まずは本屋に行って『入門百科』の棚をチェックする、というのがひとつのクセになっていたほどだ。この独特の黄色と赤で塗り分けた表紙を目にしただけで、今でもわけもなくワクワクしてしまう。

……というわけで、シリーズのなかから当時の僕が愛読していた数冊を紹介してみよう。

『ミニレディー百科』シリーズ
小学館1974年〜
（現在は絶版）
『入門百科』の女の子向けシリーズ。ポエムやテーブルマナーなどの多岐にわたるテーマから、70年代女子特有の「夢見がちお嬢様指向」がうかがえる

超能力入門書の決定版!

『ふしぎ人間 エスパー入門』

中岡俊哉・著
小学館(入門百科シリーズ) 1974年
(現在は絶版)

『入門百科』シリーズのなかでもっとも思い出に残る一冊といえば、僕の場合はやはりこれになってしまう。いや、僕が特別に夢見がちなボンクラ少年だったわけではない。「オカルトブーム」の全盛期、この本は全小学生男子必携ともいえる大ヒット作だったはずだ。

ウチのクラスでは学級文庫にも蔵書されていたが、ちゃんと棚に置かれていたことはなかった。常に誰かが借りて、次の次の次くらいまで貸し出し予約者が決まっていたのだ。女の子までが読んでいたと思う。

著者はもちろん中岡俊哉大先生。僕ら世代には説明不要のオカルトの大家だ。本書では「超能力研究家」と名乗っているが、あるときは「心霊研究家」、またあるときは「UFO研究家」、さらに「四次元研究家」。要するに「不思議なもの」全般に生涯をかけて取り組み、一般書から児童書まで、恐ろしいほど大量のオカルト本を手がけた人物である。僕ら世代は筆舌に尽くしがたいほどの影響を受けており、僕などは「この人さえいなければもう少しマシな人間になっていたのではないか？」とさえ思う。

本書は各種「超能力」の概要とともに実在（?）の「超能力者」たちの驚異のエピソードを紹介しつつ、メインとなるのは「超能力」開発指南。つまり、「超能力者」になるための訓練マニュアルだ。これ以降は「あなたもエスパーになれる！」と銘打った同種の児童書も刊行されたが、この本は一九七四年三月の『木曜スペシャル』（日本テレビ）でユリ・ゲラーが日本に「スプーン曲げ旋風」を巻き起こし、そのたった五カ月後に刊行されている。子ども向けの本格的な（?）超能力入門書としては、まさにパイオニア的な一冊だった。このあたり、ユリ・ゲラー来日以前の七〇年代初頭から大人向け超能力入門書を書いていた中岡俊哉先生ならではで、やはり「さすが！」と瞠目せざるを得ない。

あのころ、僕はこれを「座右の一冊」として日々「超能力」トレーニングに励んでいた。初歩段階の座禅や呼吸法の修行に真剣に取り組んでいる最中、急に親が部屋に入ってきて赤面しながら慌てふためいたり、今思えばアホまる出しの恥ずかしい日々だが、しかし、当時は多かれ少なかれみんなこんな感じだったのである。

現在、僕ら世代のオッサン連中は、多くがそれなりの社会的地位について、日ごろ若者たちに向かってもっともらしいお説教をブッたりもしているであろう。が、みんな四〇年前には「サイコキネシス」がどうのとか言いながら、必死でスプーンを握りしめていたボンクラ少年だったのだ！

入門書と実用書

これでキミも UFOに会える?

『空飛ぶ円盤と宇宙人』

中岡俊哉・著
小学館(入門百科シリーズ) 1975年
(現在は絶版)

ちなみに、当時、すでに「UFO」という言葉は普及していたが、まだ「空飛ぶ円盤」のほうが通りがよかった。ピンク・レディーの『UFO』が大ヒットする七八年までは、子ども向けの本のタイトルには「空飛ぶ円盤」が用いられることが多かったと思う。

これも僕が飽きるほど眺め続けた『入門百科』のオカルト系代表作。まるごと一冊「UFO」ネタの児童書としては先駆的な一冊だった。当時、類書としては学研『ジュニアチャンピオンコース』の『最新情報　空飛ぶ円盤を追え』(並木伸一郎・著)くらいしかなかった記憶がある。

本書の著者も、またまたというか、もちろんというか、例によって中岡俊哉大先生だ。内容はというと、「UFO」と「宇宙人」の概要解説、国内外の「UFO」遭遇事例集、そして「UFO」「宇宙人」関連のQ&Aなどなど。まさに「雲をつかむような話」について、よくぞここまでアレコレのトピックを羅列できるなぁという、その構成力に恐れ入るが、とにかく中岡先生は説得力に満ちた断言口調で曖昧模糊とした各項目を明確に解説していく。

「円盤のタイプと種類」として一三二種もの「UFO」をひたすら図解していく章など、なんだか今見るとクラクラしてくる。また、「宇宙人」を「小人型」「巨人型」「ロボット型」「怪物型」などにジャンル分けして解説する章も秀逸で、なかでも「美人型」(!)というジャンルがあるのが非常に懐かしい。「友好的で、どうやら金星人らしい」という見解だが、確かに七〇年代は「金星人=金髪の美人」というのは子どもたちの一般常識だった。根拠は「金」という漢字からの連想だけじゃねーか! というツッコミは、もちろん七〇年代っ子たちも心の底では思ってはいたが、口には出さなかった。そういう反応はヤボだったのだ。

そして本書の一番のウリが、三章の「円盤を見る方法・呼ぶ方法」。ここがあくまで「入門書」のスタイルを取る本書のキモであり、この章があったからこそ僕も本書を買ったのだ。

「円盤目撃のテクニック」としてさまざまな方法が記述されてはいるが、結局のところ書いてあるのは「テレパシーで呼べ!」。つまり、「雑念を払って一心に念じなさい」という主旨だ。後は「目撃したときの心がまえ」として「メモを取れ」みたいな話題に終始する。僕としては『心がまえ』なんてどうでもいいから、もうちょっと具体的に目撃テクニックを教えてくれ! と思ったものだが、そんなことを言ってもはじまらないのがこの種の本の特徴である。

入門書と実用書

赤塚先生監修のマンガ指南書!

『まんが入門』

赤塚不二夫・監修
小学館（入門百科シリーズ）1971年
（現在は絶版）

僕が『入門百科』を語るとどうしてもオカルト系のタイトルが中心になってしまうが、本来はあくまでも子ども向けの実用書のシリーズであり、もちろんラインナップの中心となっていたのは健全な（?）各種ホビー入門書である。

僕もちゃんとそっち方面でもお世話になった。

なかでも飽きるほど繰り返し眺めて、文章や図版が今も頭にこびりついているのが、かの赤塚不二夫大先生が監修した（とされる）名著『まんが入門』だ。

小四のとき、僕の周囲では「マンガブーム」みたいなものがあって、オリジナル作品を描くことが流行した。これはブームというより、どうもこの時代の小学生たちは四年生くらいになると、突然「マンガ家になるんだ！」とか言いだす傾向があったらしい。学校や地域にかかわらず、同世代の多くが同時期に道具を買い込み、マンガ制作に取り組んでいたようだ。

僕も例にもれず、せっせとわけのわからないオリジナルマンガを描き飛ばしていた。そのうちに同好の士がふたり加わって、今となってはなんとも恥ずかしいが、「かぶと虫スタジオ」というマンガ制作チームを結成し、週一で集まってマンガ誌のようなものをつくって遊んでいたのである。「かぶと虫スタジオ」は、たぶん『ドラえもん』を刊行していた小学館の「てんとう虫コミックス」にちなんでいたのだと思う。三人とも藤子不二雄を崇拝していたのだ。

　で、『まんが入門』は僕らの教科書だった。今読み返してみると、技術書としてはそれほど役に立たないような気がするが、業界の構造や制作現場の実情などがわかる記事が多く、大人が読んでも興味深い。僕らが購入したころに本書はすでにロングセラーで、作例として掲載されているマンガはひと昔前のものばかりだった。その古臭さも小学生にはとてももの珍しかった。スプーンペンとかGペンとか、ペン先によるタッチの違いなどの解説を読みつつ、「ふむふむ……」なんてアホみたいにうなずき合っていた日々が恥ずかしいけど懐かしい。

　言うまでもないことだが、結局、僕らのマンガ家修行は三カ月ほどであっさりと終了し、「かぶと虫スタジオ」は人知れず自然消滅した。

『少女まんが入門』
小学館（ミニレディー百科シリーズ）
1976年（現在は絶版）
『入門百科』の少女版『ミニレディー百科』の人気タイトル。「まんが入門」のヒットを受けて女児向けに刊行された。こちらもかなりのヒット作となったようで、元マンガ女子にとっては思い出の１冊

子ども版ルアー入門のパイオニア!

『ルアーづり入門』

西山徹・著
小学館（入門百科シリーズ）1981年
（現在は絶版）

このイラスト満載の小学生向け入門書を中学生が買うのはかなり恥ずかしい気もするが、僕だけではなかった。中二のときのクラスの男子の多くが愛読していたのが、一九八一年に発売された『ルアーづり入門』。これについても多くの同世代男子が「読んだ!」と賛同してくれると思う。かなり売れていたはずだ。

僕はてっきり小六くらいで『入門百科』シリーズは卒業した……と思っていたのだが、あらためて当時の目録などを眺めてみると、どうもそうではなかったらしい。中学生になっても読んでいたのだ。しかも、刊行年を見ると中一ではなく中二になってからである。

八一年といえば、小中学生の間で巻き起こっていた「釣りブーム」の真っただなかである。このブームは主に矢口高雄が『少年サンデー』に連載していた『釣りキチ三平』によるものだが、これが八〇年にテレビアニメ化され、釣りはさらに小中学生のホビーとして大人気となった。特にブラックバスを対象としたルアーフィッシングが「カッコいい！」ということになって、それまではちょっと「おじさんの趣味」っぽかった釣りがスポーティーでナウいホビーとして再評価されたのだ。

そこに登場したのが『ルアーづり入門』。これはうまい企画だった。なんといっても表紙イラストは矢口高雄。これだけで当時の小中学生は飛びついたのだ。実は矢口先生が担当しているのは表紙の少年のイラスト一点だけ。本文イラストにはまったくタッチしていない。『サンデー』の小学館が出すのだからもうちょっと本格的に依頼して、「監修・矢口高雄」とかにすればいいじゃないかとも思うが、とにかく表紙にデーンと矢口先生の絵があればＯＫ！という、非常に割りきった編集方針なのである。

当時はルアーフィッシングに関する子ども向けの入門書はまだ非常に少なかった。概要を知るには大人向けの雑誌などを買うしかなく、子どもたちはルアーに関する情報に飢えていたのだと思う。内容的にも需要をいち早く捉えて企画されたヒット作だったのだ。

もちろん僕も本作を熟読し、友人たちとバス釣りを楽しんだが、しかし「楽しむ」というには、この趣味はあまりにもお金がかかりすぎた。ちょっといい外国製のルアーになると、ひとつ二〇〇〇円なんてものもザラだ。小遣いを奮発して思い切って買ったルアーを初めて釣り糸に結び、「よぉ～し、釣るぞっ！」なんて思いっきり投げたとたん、糸がプツリと切れて二〇〇〇円が一瞬で水の泡になることも多かった。

七〇年代の子ども向け「実用書」シリーズ（「実用」という言葉がふさわしいかどうかはともかくとして）は、『小学館入門百科』のほかにもさまざまなものがあった。

代表的なところでは講談社『ドラゴンブックス』、立風書房『ジャガーバックス』、秋田書店

どうでもいい豆知識満載!
学研らしさあふれる入門書シリーズ

『日本一世界一 世界びっくり情報』笠原 秀 著／1973年

『日本一世界一 人間びっくり珍情報』笠原 秀 著／1975年

『ジュニアチャンピオンコース』

学習研究社 1971年～（現在は絶版）

1971年のシリーズ第1弾『長嶋・王の野球コーチ』を皮切りに、80年代前半あたりまで刊行されていた。オカルト系を含む「なぞとふしぎ」を追求するスタイルや、推理力で事件を解決する「探偵クイズ」形式の巻などが人気を集めた

『大全科』などだが、『入門百科』と双璧をなすほど定番で、多くの学校図書館、学級文庫で見かけることができたのが、学研の『ジュニアチャンピオンコース』だ。

現在、こうしたシリーズは「怪奇系児童書」とひとくくりにされているが、この言葉通り、多くの本がテーマも表紙のデザインも非常にエグいものが多い。まぁ、七〇年代の「オカルトブーム」やエログロ文化を素直に反映していたわけだ。で、たいていの親は、こういうシリーズを子どもにねだられると嫌な顔をする。

ウチの親は「読みたい本があればお小遣いとは別枠で買ってあげる」という基本方針を持っていたが、それは「ちゃんとした児童書」に限った話で、「心霊本」や「UFO本」をねだると「自分のお小遣いで買いなさい！」と怒られたものだ。しかし、『入門百科』や『ジュニアチャンピオンコース』については、比較的穏健なテーマのもの、つまりオカルト系ではないタイトルについては、「しょうがないわねぇ」という感じで買ってくれることも多かった。たぶん「小学館だから」「学研だから」というブランドに対する安心感が当時の大人にはあったのだろう。実際は小学館も学研もかなり凶悪な（ホメてます！）児童書を出しまくっていたのだが。

『ジュニアチャンピオンコース』は「ホビー入門」というよりは、クイズ、パズル、科学ネタのおもしろ情報みたいなタイトルが中心。『学研の科学と学習』に掲載されていた小ネタ記事に近いタッチで、『地球ミステリー探検』とか『日本列島ふしぎ探検』、『人体ふしぎびっくり解剖』

といったものが並ぶ。なんとなく全体に「学習感」を漂わせつつ、しかし後に『ムー』を出す出版社らしく、「UFO」「UMA」「超常現象」などのオカルトに特化した巻も充実していた。

もちろん僕もそっち系のタイトルを重点的に読んでいたが、大人になった現在、いかにも『ジュニアチャンピオンコース』らしい本として妙に印象に残っているのが、『世界びっくり情報』と『人間びっくり珍情報』の二冊だ。

どちらもかなりおとなしめのテーマで、しかも似通っている。子どものころは特におもしろいとも思わなかったのだが、今読むと「あのころならではの企画だなぁ」と不思議な感動(?)を覚えてしまうのである。

当時の児童書や児童雑誌には、さまざまな分野の「世界一」「日本一」を集めて掲載する記事が流行していた。「一番高い山はエベレスト」とか「一番速い動物はチーター」といった、昭和っ子にはおなじみの話題だ。この二冊もそういう内容で、さらに同時期に流行していた「奇人変人」要素をも盛り込んでいる。「天才暗算少年」とか、「針の山に平気で寝転ぶ少年」とか、「何十年間も爪を伸ばし続けた人」とか、当時は同じネタと写真が多くの子ども向けメディアで使いまわされていたが、そうしたものがギッシリと詰まっているのだ。この雰囲気に当時の学研らしさがあふれていて、なんとも懐かしい。

「世界一のノッポ」「世界一のチビ」「世界一のデブ」、なかには「世界一みにくい人」なんて写真が掲載されていたり、今だと完全にアウトだろうが、「当時はこうだったんだよなぁ」という妙な感慨を抱いてしまう。バイクで決死のジャンプを繰り返すイーブル・クニーブルとか、すっかり忘れていた「時の人」の記事があったり、あちこちでさんざん見かけた「世界一巨大な花、ラフレシア」の懐かしい図解など、僕ら世代には感涙ものだ。

今回四〇年ぶりくらいで読みなおして、小学生時代からずーっと心に残っていた記事が『世界びっくり情報』に掲載されているのを発見し、「あ、これだったのか！」と驚いてしまった。それは「世界一の金持ち」というネタ。とある大金持ちの生活をかなり悪意に満ちたシニカルな文章で紹介したものだ。

「彼は巨万の富を得たために孤独になった。いつも防弾ガラスがはりめぐらされた部屋でひとりで食事をする。いつ誰に狙撃されるかわからないからだ」みたいな意地悪な紹介文に、なんとも陰険そうな顔つきのオヤジの写真が添えられていた。「うへー、お金持ちって大変だなぁ」などとアホな感想を抱いたことを覚えている。

なんでこんなどうでもいい記憶が四〇年間も脳内に保存されているのかさっぱりわからないが、読みなおしてみると「陰険そうな金持ち」とは石油王ポール・ゲッティのことだった！

小学生にはまだ早い!
「ワニの豆本」の凶悪オカルト本

『世界の幽霊怪奇 なぞの四次元現象』

佐藤有文・著
KKベストセラーズ(ワニの豆本) 1976年
(現在は絶版)

小学校三年生のときだと思う。一緒に登校するスズキくんといつもの信号のところで待ち合わせていたら、彼がニヤニヤした顔でやって来た。「スゴいもの見せてあげようか」と、ピッツバーグ・スティーラーズのグルーピーケースから取り出したのが、一冊の小さな本。当時流行していた「世界の怪談集」みたいな本だ。

「とにかくスゴいんだぜ」と言うので、歩きながら拾い読みしたのだが、いや、ほんとにスゴかった……！

覚えているのは、まず中世の魔女裁判の話。無実の罪で捕らえられた少女が体験する常軌を逸した拷問の数々が、恐ろしく具体的に記載されていた。ちょっとここには書きにくいほどエグいことが克明に描写されていて、「ウェ〜ッ」と顔をしかめてしまった。

また、僕が特に怖かったのが、これもヨーロッパの話だったと思うが、変質的な死刑執行人の話。罪人の首を吊るのが三度の飯よりも好きな男で、自分の仕事に異常なほどの誇りと快楽を感じている。首を吊られてもなかなか死なない罪人がいると、その両足に飛びついて自分の体重をかけ、すみやかに地獄へ送るのだ。ご丁寧に、その様子の挿絵までが掲載されていた。この男が処刑した罪人たちの霊に復讐される、というエピソードだったと思う。

今思えば、そんな本を朝っぱらから夢中になって読みながら登校する小学生なんて、どう考えてもロクなもんじゃない。

その本を読んだのはそれっきりで、タイトルも著者もまったく覚えていない。大人になってから「あの本はなんだったんだろう？」と古書店などを物色していたが、やはりそう簡単には見つからない。ネットでも手がかりが少なすぎて探しようがなかった。

ところが数年前、たまたま渋谷の古本市で当時のオカルト本を漁っていたら、発見してしまったのである。「うわっ、これだ！」と声をあげそうになった。

タイトルは『世界の幽霊怪奇なぞの四次元現象』（なんじゃ、このいい加減な書名は！）。著者はオカルト本の大家、「ジャガーバックス」シリーズなどでもおなじみの佐藤有文御大だ。版元はＫＫベストセラーズ。七〇年代に大量に刊行された「ワニの豆本」シリーズの一冊だった。

『世界の怪談
怖い話をするときに』
矢野浩三郎、青木日出夫・著
KKベストセラーズ1978年
こちらも同シリーズの怪談本。古今東西の怪奇話のごった煮状態で、内容は比較的穏健。著者が翻訳家コンビなので名作怪奇小説の抄訳が中心だ

「ワニの豆本」。同世代ならもちろん覚えているだろう。当時は「ケイブンシャの大百科」、小学館の「コロタン文庫」、秋田書店の「大全科」など、分厚い小型本が子どもたちに人気だったが、「ワニの豆本」はそれらとは一線を画していた。オカルト、ホビー入門、クイズなど、カバーしているテーマは同じようなものだが、対象年齢層は中高生以上という感じで、ティーン向けのシリーズだ。図解ではなく文字中心で、ページ数も少ない。しかし、年齢層が上に設定されていたため、内容のエグさは段違いだった。

秋田書店の「大全科」など、当時の子ども向けシリーズも充分にエグかったが、「ワニの豆本」はもっと大人っぽいというか、不良っぽいエグさがあって、若者たちのアンダーグラウン

ド文化を垣間見られるような内容だ。
あのころはまだかろうじて残っていたAMラジオの深夜放送文化を反映していたのだろう。笑福亭鶴光の『かやくごはん』、谷村新司の『天才・秀才・ばか』、せんだみつおの『変な本』など、ラジオを通じて当時のお兄さん世代に支持されていたタレント本も売れ筋だった。

特に小学生向けの本ではおおっぴらにはできなかったエロネタも満載で、当時の小学生はそのあたりに未体験の若者文化の匂いを嗅いでいたのだと思う。そういえば、クラスの友人からシリーズのクイズ本を借りたことがあったが、掲載されているのはすべて下ネタ系のクイズだった。感じとしては、アホな男子高校生がクラスの女子にエロクイズを出し、女の子たちが赤面しながら「エッチ!」と叫ぶ様子を楽しむみたいな、そんなセクハラノリのコンセプトだったらしい。

しかし、かなり内容がキワドくて、逆にキワドすぎて小学生にはまったく理解できなかった。無造作に勉強机の上に置いておいたら親に見つかり、「こんなものを子どもが読むな!」と怒られた。親は内容のあまりのヒドさに驚いていたらしいが、僕としてはどこがどうヒドいのかさえわからなかったのだ。

覚えているいくつかのクイズの意味は、大人になった今ではもちろんわかるのだが、いや、いくらなんでもほんとにヒドい(笑)。いくつか事例をあげたいが、ちょっとここに書くのも憚られるほどにエゲツないのでやめておく。

図解と図鑑

学校で読んでも怒られない!
「学習マンガ」のパイオニア

『星と星座のひみつ』斎藤国治・監修／相田克太・絵 1978年

『古代遺跡のひみつ』吉村作治・監修/あいかわ一誠・絵 1980年

『学研まんが ひみつシリーズ』

学習研究社 1972年～

（現在は学研プラスより「新ひみつシリーズ」が刊行中）

計70タイトル以上が刊行された元祖「学習マンガ」のシリーズ。マンガではあるが、ほかの子ども向け入門書シリーズよりむしろ参考書的で、シッカリと学習に役立つ内容が特徴だった

本書ではマンガは扱わないことになっているのだが、しかし、これをハズすわけにはいかないだろう。いわゆる「学習マンガ」の先駆けとなった学研の『ひみつシリーズ』である。七〇年代当時、本シリーズが一冊も蔵書されていない学校図書館など、たぶんなかったので

はないだろうか。「○○のひみつ」で統一されたタイトルの特徴的な赤い背表紙がズラリと並んだ光景は、いかにも小学校の図書室という感じだ。当時の学校図書館の雰囲気を象徴するような名シリーズなのである。

実を言えば、僕自身は「ひみつシリーズ」には当時あまり夢中にならなかった。

このシリーズは、同じ学研の『ジュニアチャンピオンコース』や小学館『入門百科』などをグッとマジメに、親や先生たちからも歓迎される形で「ちゃんと」した学習参考書の側へシフトさせ、そのうえでマンガ化したような内容だったのだ。

『お金と切手のひみつ』『野球のひみつ』『忍術・手品のひみつ』など、一応はホビー入門やプチオカルトな巻も用意されてはいたが、基本的にはやっぱり学校のお勉強に役立つ正統な「学習マンガ」であり、サブカル感やグロ感は限りなくゼロに近い。マンガや図解にもエグさは皆無で、そういう意味で子ども時代の僕的にはあまり魅力を感じなかったのである。

ただ、「○○について図書館の本で調べなさい」といった図書館活用授業の際は、非常に重宝した。マンガなのであっという間に読めてしまえるし、ポイントがけっこう的確にまとめられているので便利だったのだ。やはりちゃんと学習に活用できる本だったのである。その分、自分のお小遣いで買いたくなるような魅力は希薄で、やはり「ひみつシリーズ」は、僕にとっては個人で所有するより、「学校の図書館で読む本」という感じだった。

しかし、大人になった今読んでみると、とにかく懐かしい！　七〇年代の「学習マンガ」特有のテイストがなんとも郷愁をそそるのである。

それはもちろん、内山安二、よこたとくお、山口太一、ムロタニツネ象……などなど、往年の学研で活躍したマンガ家たちの仕事を通じて、毎月末、『科学と学習』が「コンパニオンのおばさん」によって届けられるのを心待ちにしていたあのころを思い出すからだ（まぁ、主な目当ては本誌よりも付録だったが）。『学習』に『名探偵・荒馬宗介』を連載していた山口太一担当の巻など、「ああ、あのころの学研ってこういう感じだったよなぁ！」と、忘れていたアレコレを思い出してウルウルしてしまう。

さらに、記憶にバシッと刻まれている特徴的な背表紙！「ひみつシリーズ」といえば、ほかに類を見ないメタリックレッドにキラキラと輝く背表紙である。特殊な赤箔を用いたデザインで、これってコスト的にはけっこうかかるんじゃないのかなぁと気になってしまうが、このキラキラ感がなんともいえない特別感を醸しだしていた。

また、シンボルマークになっていたのが、当時の学研のマスコット「ピッポくん」だ。吉田迪彦のデザインによるキャラで、『科学と学習』でもおなじみだったし、彼をフィーチャーした「学習マンガ」の『ピッポくんシリーズ』もあった。ボーダーのTシャツと大きな虫メガネが基本スタイルだが、探検隊の服装をしているバージョンもかわいかった。名前の由来は「ピッとひらめいてポッとわかる」。個人的には、当時から「なんだかちょっと無理のある命名だなぁ」と思っていた。

ユーモアと笑い

いつまでも続く長い長い前書き……
破天荒で切ないナンセンス小説

『さびしい王様』

北杜夫・著／ヒサ クニヒコ・絵
新潮社 1981年
（1969年に新潮社から単行本刊行。現在は電子書籍で購入可能）

『船乗りクプクプの冒険』で北杜夫が好きになり、続いて読んだ『ぼくのおじさん』もおもしろかった。それからだいぶたってから、母が「こんな本もあったわよ」と買ってきてくれたのが『さびしい王様』だった。

ところが、これがまったくおもしろくない。

読んでいてもなにがなんだかわからず、途中で投げ出してしまった記憶がある。『さびしい王様』は三部作の第一作で、『さびしい乞食』『さびしい姫君』と続くのだが、続刊には手を出さず、それっきりしばらく北杜夫の本からは離れてしまった……と思っていた。

ただ、『さびしい王様』には強烈に印象に残っているエピソードがある。一〇歳かそこらで読んでからというもの、いまだにことあるごとに「ああ、今のこの気持は『さびしい王様』に書いてあったあれだな」と思い出す文章で、その部分だけが心に四〇年間も焼きついている。

それは本編ではなく「まえがき」に書かれていた。このシリーズは「まえがき」が延々と続き、それがひとつのギャグになっている。その長い長い「まえがき」で、北杜夫は「かわいそう」という感情の考察を行っている。

まずは終戦直後のころ、戦災孤児のようなみじめな格好で街を歩いていたら中年男から同情の目で見つめられた、という思い出を語り、さらにこれとは「逆の思い出」として、自分の娘に関するエピソードを綴る。

ある年の大晦日の夕暮れ、北氏は小さな娘をつれて街へ出る。大晦日ならではの繁華街の喧騒を娘に見せてやって、帰りにはどこかのお店でご飯をごちそうしてやろうと考えたのだ。出かける前、なぜか北氏はお財布に必要以上の札束を詰め込む。「これだけの大金を持って大晦日の街を歩くヤツなどいないだろう」と内心ニヤニヤしながら、大金持ち気分で出かけていく。

ところが、大晦日の繁華街の混雑は想像を絶し、どこへ行っても満員電車並みの混雑。いつもやんちゃな娘は異常なほどの人混みに恐れをなして、すっかり緊張してしまう。父とはぐれないように北氏の手をしっかりと握り、ただ懸命についてくる。ふたりは人波に押されて街をウロウロし、ヘトヘトになってしまう。

早くご飯を食べて帰ろうと思うのだが、あいにく、どこのレストランも店を閉めている。ようやく一軒の古びた店を見つけ、しかたなくその汚い店に入る。「さぁ、なんでも好きなものを頼みなさい！」と娘に言うが、彼女は萎縮していて、メニューを見せても「ハムサラダ」と答えるだけ。「ほかには？」と聞いても、彼女は首を横に振って「ハムサラダだけでいい」としか言わない。運ばれてきたハムサラダはいかにも安っぽく、野菜はしおれていて、なんともみすぼらしい。それをうつむきながら黙々と食べる娘を見ていたら、言いようのないもの寂しさに襲われてしまった……というエピソードだ。

これを読んだ当時、北氏の娘が無言でサラダを食べるポリポリ……という乾いた音が聞こえるような気がして、なんともいえない気分になった。その感じは、当時も今も説明不能だ。

北氏は「もの寂しさ」という言葉を使っていて、確かに子どもの僕もそれを感じたのだが、北氏と娘のどちらに感情移入したのかがわからない。「かわいそう」なのは、萎縮しきってサラダを食べ続ける娘なのか、それとも、一緒に楽しく過ごしたいと思いながら、結局は娘を萎縮させてしまった北氏なのか？　出どころはよくわからないのだが、ここには明らかに強烈な「もの寂しさ」が漂っていて、一〇歳かそこらの子どもにも「こういう感じはわかる」と思わせる妙な説得力があったのだ。そして、大人になった今もときおり「あ、あの感じだ」という感情に襲われることがある。

今回、四〇年ぶりに『さびしい王様』を読み返してみて驚いた。ハムサラダのエピソードが「まえがき」にないっ！

慌てて『さびしい乞食』『さびしい姫君』も読んでみて、さらに驚いてしまった。ハムサラダの話は『さびしい王様』ではなく、『さびしい乞食』の「まえがき」に書かれていた。正確にはハムサラダではなくカニサラダ。しかも、『さびしい姫君』もところどころ覚えていて、僕は『さびしい王様』の途中で本を投げ出したと思っていたのだが、ちゃんとシリーズ三巻を読了していたらしいのである。

このシリーズは「大人も子どもも楽しめるユーモア小説」というコンセプトで書かれたものだが、一〇歳の僕にはどうも難しかったようだ。北杜夫らしい破天荒なストーリーが、当時の僕にはハチャメチャすぎて把握できなかったのだろう。しかし、子どもにはかなりの長編を三冊も読んだということは、わからないなりに、やはりなにか感じるところがあったのだと思う。

ハムサラダ、いや、カニサラダのエピソードは、今読んでもやはりよくわからない。しかし、あの「もの寂しさ」の印象は子どものときに感じたよりもさらに痛々しく深まっていて、読んでいてジワリと不思議な涙が滲んでしまう。

怪奇と神秘

学級文庫に「心霊写真集」それこそが70年代!

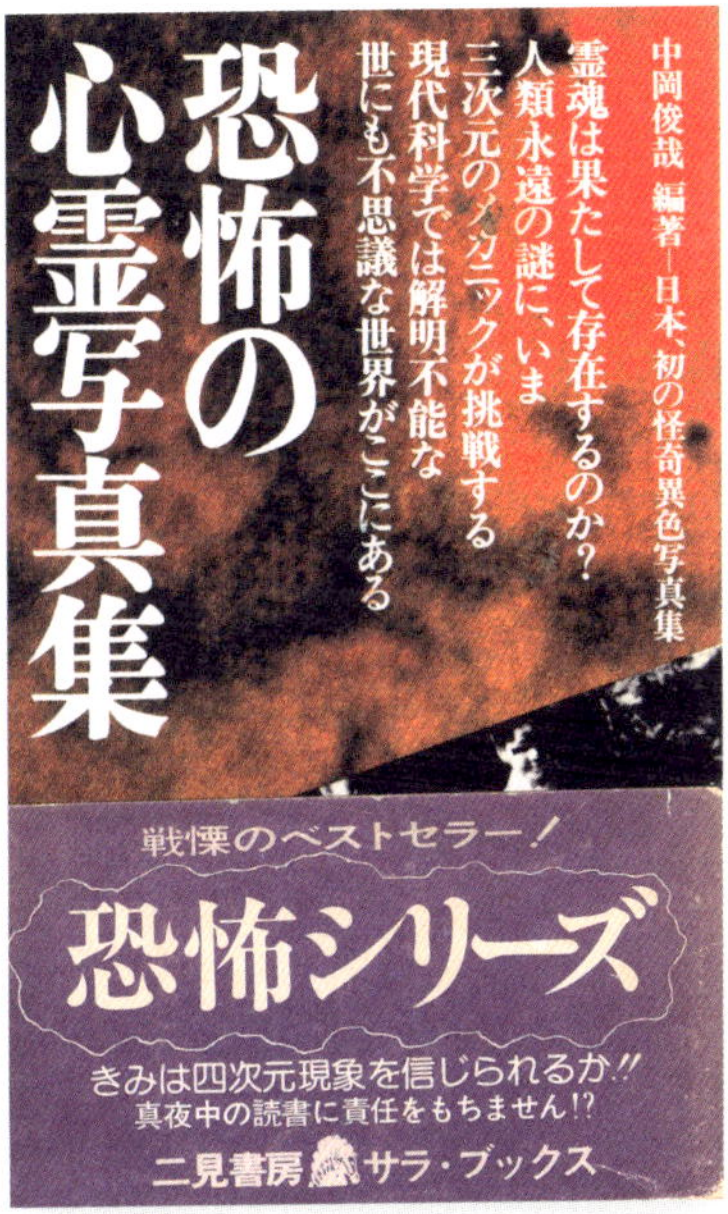

『恐怖の心霊写真集』

中岡俊哉・編
二見書房 1974年
(現在は絶版)

僕ら世代が「学級文庫にあった本」の話をすると、だいたいどこの学校も同じようなものだったらしく、決まって筆頭にあげられるのが小学館の『入門百科』、次が学研の『ひみつ』シリーズ、そして三番目くらいに中岡俊哉の『恐怖の心霊写真集』が登場して、みんなで「そうそう！」などと笑い合ったりする。

こういう話の輪のなかに若い世代が混じっていると、『恐怖の心霊写真集』の名が出た瞬間に「いや、ちょっと待ってくださいよ」ということになるわけだ。「そりゃおかしいでしょう。いくらなんだって学級文庫に心霊写真集なんてないですよ」というのが非七〇年代世代の感覚なのである。で、我々世代から総攻撃を喰らうことになってしまう。

「馬鹿か、お前は！　心霊写真集は当時の基本図書だ！　ウチには第三集までそろってたぞ！」

「学級文庫の七割がオカルト本だったんだよ！　オレの教室なんか●●の●●が問題になって回収騒ぎになった●●の『ショック！人体の怪奇大百科』が普通にあったんだぞ！」

「そうだ、七〇年代オカルトブームをなめんな！　ゆとり世代はすっこんでろっ！」

理不尽な暴言の集中砲火にさらされ、若者は返す言葉が見つからずにシュンとしてしまう。

「学級文庫に心霊写真集が蔵書されているわけがない」……という感覚は当然のものだ。どう考えても彼の感覚のほうがマトモである。

しかし、当時の多くの小学校の学級文庫に、心霊写真集や怪談集や超能力入門書が大量に蔵書されていたのも事実なのだからしかたがない。ウチの教室には、ホラー映画から血まみれの「人体破壊シーン」だけを集めた秋田書店の『大全科』があったし、来るべき飢餓時代に備えて人肉食の方法を懇切丁寧に説くサバイバル入門書も蔵書されていた。

学級文庫というのは、基本的に各児童が読み終わった本を寄贈することで成立している。当時の子どもが愛読書を持ち寄ると、自然に「オカルトだらけ」になってしまうのだ。

七〇年代は、そういう時代だったのである。

そうした時代に、まさに学級文庫の「基本図書」として君臨していたのが、中岡俊哉が一九七四年に発表した『恐怖の心霊写真集』だ。新書シリーズ「サラ・ブックス」から刊行され、当初はもちろん若者〜大人世代の間で話題になっていた。しかし、これが予想外に売れまくってブーム化し、その余波は小中学生の低年齢層の方まで徐々に降りてきたのである。

なぜそんなものがブームになったのかといえば、もちろん背景にはオカルトブームがあったわけだが、「心霊写真」という概念がコンテンツとして新しかったからだ。「心霊写真」というオカルトエンターテイメントは、この一冊によって「発明」されたのである。

もちろん霊が映り込んだとされる写真は、欧米では写真機の黎明期から研究されているし、捏造もされていた。日本でもほぼ同時期に好事家の間で話題になっている。しかし、それらはマニアックな超心理学の研究対象のひとつでしかなかった。文献によって「霊写真」など、呼び方もまちまちだった「現象」を「心霊写真」という魅力的な名称でひとくくりにし、新たなオカルトエンターテイメントのジャンルとして提示したのは中岡俊哉の功績である。「霊が写真に映る……こともあるらしい」ということは、『恐怖の心霊写真集』によって初めて一般の人に広く共有された。それは新次元の恐怖であり、だからこそ人々は夢中になったのだ。

もちろん子どもだった僕ら世代は、『恐怖の心霊写真集』を初めて手にしたときは心底震撼した。「マジでヤバイ!」という生理的な嫌悪と恐怖を感じたのだ。これはリアルタイム世代でなければ理解しかねると思う。あらためて『恐怖の心霊写真』を開いてみても、載っているのはただの「白いモヤモヤ」が映り込んだ写真ばかりである。昨今の心霊写真のほうが創意工夫の点でも恐怖度の点でも、段違いにクオリティーが高い。若い世代が『恐怖の心霊写真集』を眺めれば、おそらく退屈さしか感じないだろう。

このあたりに、この四〇年ほどの間の「心霊写真観」の変化が見て取れると思う。あのころ、心霊写真は単に「霊が映った写真」ではなかった。その写真そのものに曰くと因縁があり、いわば写真自体がなにか得体の知れぬものに「汚染」されているような、そうした禍々《まがまが》しいものとして捉えられていたのだ。当時、テレビの心霊写真鑑定では「この写真は持っているだけで死ぬ。すぐにお焚きあげを」みたいな解説が常套句だったが、「なにが映っているか?」の問題ではなく、心霊写真はそれ自体が不吉なものという感覚が共有されていたのである。

僕にはいまだにその感覚が残っている。仕事で自分の昭和オカルト本コレクションを漁らなければならないときなども、この『恐怖の心霊写真集』と、同じ中岡俊哉の『狐狗狸さんの秘密』だけは、できることならあまり触りたくないと無意識に思ってしまい、そう思っている自分に気づいて苦笑いしたりするのである。

怪奇と神秘

社会問題を巻き起こした「魔導書」？ 史上初のコックリさん入門

『狐狗狸さんの秘密 君にも心霊能力を開発できる』

中岡俊哉・著
二見書房（サラブレッド・ブックス）1974年
（現在は絶版）

本来はここで触れるような本ではないのだが一応書いておきたいと思う。前項でちょっとだけ触れた『狐狗狸さんの秘密』のことである。

七〇年代の小中学生の間で巻き起こった「コックリさん」ブームの熱狂と、それが引き起こしたさまざまな騒動については、拙著『昭和オカルト大百科』（大空出版）を参照していただくとして、この『狐狗狸さんの秘密』は、初めて刊行された「まるごと一冊コックリさん」の本格入門書だ。当時、小学生でこれを読んだという子はごく少数だと思うが、この本は無数の児童書や児童雑誌の記事のネタ元としてパクられまくり、結局は当時の小学生たちもこの本を間接的に読んでしまう、という状態だった。

僕ら世代の多くは、「コックリさん」に関してはアンビバレントな感覚を持っている。基本的にはハナから馬鹿にしている人が多いだろう。僕もそうだ。僕らは教室でさんざん「コックリさん」をやりまくり、「おい、コックリ！　ほんとにいるなら出てきやがれ！　呪い殺してみろ！」と愚弄しまくって大笑いしていたクチだ。

その一方、僕らはさんざん「コックリさん」がらみの「怖い話」を聞かされている。設定されたタブー、つまり儀式の途中で一〇円玉から指を離すなとか、使った紙はすぐに捨てろとか、そうした禁を破ったせいで恐ろしい目にあう……という定番の逸話である。なかにはよくできた話もあって、「やっぱり、あの遊びってヤバイのかな？」という一抹の不安も抱いていた。

「馬鹿にしながらもちょっぴり恐れる」という、あの感じは子ども時代の微笑ましく懐かしい思い出なのだが、数年前、その微妙な感覚がリアルに戻ってきたことがあった。

ある日、神保町の古書店で、この『狐狗狸さんの秘密』を発見した。ビニールで包装され、状態も良好。なのに一〇〇円！　ちょうどオカルト系の記事を書く機会も増えてきたころで、なにより「ああ、懐かしいなぁ」と思って購入した。

家に帰ってビニール包装を解き、ページをパラパラと開いて、「え?」と手が止まってしまった。同時に、ゾワッと背筋に鳥肌がたった。付録の「文字盤」、つまり「コックリさん」の儀式で使う紙が、そのまま封入されていたのだ。

「コックリさんの儀式で使った紙は、すぐに捨てるか燃やせ。さもないと、そこにまたコックリさんが帰ってきてしまう……」

小学生時代に叩き込まれたタブーの感覚が、この歳になってもまだ自分のなかに残っているのか!……ということの馬鹿馬鹿しさに、我ながら驚き、笑ってしまった。「文字盤」には、明らかに使用感がある。当然だ。当時この本をわざわざ買って、付録の「文字盤」を試さないヤツなどいるはずがない。でも、だったらなんで前の持ち主は捨てなかったんだろう?

……「なんか嫌だな」と思う、その感覚が懐かしい。まったく「三つ子の魂百まで」である。

それからまた数年後、僕は某ラジオ番組のサイトで、七〇年代の各種ブームに関するコラムを連載していた。編集者と相談して「次はコックリさんでいこう」と決まり、『狐狗狸さんの秘密』の書影と、付録の「文字盤」を撮影することになった。写真のクオリティーにうるさいサイトなので、彼がわざわざウチに来て、いつも使っている会社の一眼レフで撮影するという。

彼は「コックリさん」世代ではないので、ハナからこんな儀式に恐れなど抱いていない。当初は「コックリさん」のやり方も解説しようと言っていたが、これはスポンサーの意向でダメになった。大手メディアで「コックリさん」の方法を具体的に記述するのは、今もタブーらしい。編集者は「アホか！」と笑っていた。

無事に撮影が終わった夜、彼から電話がかかってきた。「文字盤の撮影をミスったから再撮したい」と言う。デジタル一眼のモニターで確認したときはわからなかったが、PCに落としたら写真が「変だった」そうだ。どう変だったのかを聞いても、「いや、とにかくなんか変」としか言わない。この種の話が大好きなので興味津々になり、その写真を送ってくれと頼んだが、「もう削除した」とそっけない。じゃあ、また明日にでもウチに来る？　と日程を確認すると、「いや、もういいから、そっちで手持ちのデジカメで撮影して送ってくれ」などと言う。なにやら様子が変だし、話がチグハグだ。

ともかく僕は指示通りに「文字盤」を自分のデジカメで撮影して彼に送った。僕が撮った写真に問題はなく、記事も無事に掲載された。

ところが、そのときに使った僕のカメラは、それ以降、なにを撮っても全体が紫一色に染まってしまう。驚いて修理に出すと、担当者は「これは基盤の故障でよくあるパターン。すぐになおりますよ」と笑っていた。

修理センターからの帰り道、「あの本は捨てたほうがいいのかな？」などとチラリと思ってしまい、慌てて「アホか！」と自分の考えを否定した。仕事で使うことも多いし、なにより「おい、コックリ！」と強がっていた小学生時代の自分を思えば、今になって「コックリさん」に白旗をあげるのは、やっぱり悔しいのである。

70年代子ども文化における
コックリさんブーム

『心霊恐怖レポート
うしろの百太郎』

つのだじろう・作(講談社)

1973年より『週刊少年マガジン』などに連載された実録風(?)心霊マンガ。本作のエピソード「こっくり殺人事件」によって、コックリさんの存在は全国の子どもたちに知れ渡った

『テレパシー入門
あなたが忘れている
この不思議な力』

中岡俊哉・著/祥伝社(ノン・ブックス)1971年

「コックリさん」そのものは古来から存在するが、若者文化におけるオカルトネタとして取りあげたのは、おそらくこの本が最初だと思われる

左:『美内すずえ傑作選1』(白泉社)、右:『高階良子傑作集 血まみれ観音』(角川書店)

コックリさんは当初、女子小中学生たちの恋占いとしても普及したため、ホラー系少女マンガでも多く扱われた。代表的なものとしては美内すずえ『白い影法師』(1975年/左収録)、高階良子『闇におどるキツネ』(1977年/右収録)など

COLUMN

思い出せない本の記憶❷

「ふしぎな話」あれこれ

小学生時代の僕の本箱には、ひとつ特別な棚があった。別に系統立てて読書をするような子ではなかったので、子ども部屋の本箱には支離滅裂な蔵書がめちゃめちゃに並んでいたのだが、一段だけは同ジャンルの本がキッチリと並べられていたのだ。それが各社から刊行されていた「ふしぎな話」関連のアンソロジー。このジャンルの本がとにかく大好きだったのである。

オカルトブーム真っただなかの七〇年代は、超常現象に類する怪談・奇譚をテーマにした児童書が大量に刊行され、多くは本書でも紹介しているような「怪奇系児童書」、つまり先生も親も顔をしかめるようなたぐいの子ども向けサブカル本だったが、一方で、「ちゃんとした児童書」としても同種の本が刊行されていた。エグい図版や写真満載の「怪奇系児童書」のシリーズとは別に、もっとお行儀のよい、ちゃんとマジメな読みものとしてまとめられた「半オカルト本」のような一連の児童書があったのだ。

「怪奇系児童書」は親にねだっても「自分のお小遣いで買いなさい！」と言われるが、この種の「半オカルト本」は装丁も地味で中身も文字ばかり。一応は「ちゃんとしてる」と見なされて買ってもらえる。自然に僕の本棚の「半オカルト本」コレクションは充実していった。

この種の「半オカルト本」の主流が、古今東西の「ふしぎな話」をテーマにしたアンソロジーだった。

だいたいどの版元の本も同じような構成で、「日本のふしぎな話」「世界のふしぎな話」といった形で巻を分け、有名な実話系奇譚をジャンル別にまとめて掲載している。

おそらく編集側に「興味本位のオカルト本ではありません！」という自負があったのだと思うが、「幽霊」とか「ＵＦＯ」に関する話はほとんどなく、現代の科学では説明不能な古代遺跡の構造とか、信じられないような偶然から起こった奇跡的な事件とか、謎に満ちた歴史的事故とか、そうした事例を検証して仮説を提示する……みたいな内容だった。一応は歴史や科学を学べるようにまとめられているわけだ。

僕はこうした本を夢中で読み漁ったので、もちろん本書でもたくさん紹介したかった。が、ウロ覚えの内容から本を特定する作業をはじめて、すぐに愕然としてしまった。本が

COLUMN

まったく見つからないばかりか、手がかりとなる資料もほとんど存在しない！

いわゆる「ちゃんとした児童書」なら、かなり古い本でも公共図書館にある程度は所蔵されているし、各種データベースも充実している。逆にまったく「ちゃんとしてない」たぐいのサブカル系「怪奇系児童書」であればコレクターも多く、そのスジのマニアックな古書店に行けば入手も可能だ。

が、その中間の「半オカルト本」については、あれだけ大量に刊行されていたにもかかわらず、資料がスッポリと抜けているのである。話のネタになりにくいのか、ネットにも情報はほとんどない。また同時期に大量に売られていたため、同じネタが各社の本に掲載されていたりして、目当ての本がなかなか特定できないのである。

確かに「半オカルト本」は非常に中途半端な存在だ。特にマジメでもないし、別に不良でもなかったというクラスメートは記憶に残りにくい……というようなことなのだと思う。

「せめてこの一冊だけでも」と必死で探してみたのが、確か偕成社かポプラ社から出ていた「世界のふしぎな話」に類するもので、この本が妙に印象に残っている。

覚えているのは、「女王を救った蛾」という話。ヴィクトリア女王を乗せた汽車が夜霧のなかを走っていると、突然、目の前の線路にシルクハットとマントを身に着けた男の影が立ちはだかった。汽車は急停車する。慌てて降りてきた機関士たちが線路を調べたが、誰もいない。しかし、彼らは前方の光景を目にしてゾッとする。すぐ先の鉄橋が事故で落ちていたのだ。あの謎の人影が出現していなかったら、間違いなく汽車は崖下に落下した。

後々の調査の結果、謎の人影の正体は、汽車のヘッドライトにとまった一匹の蛾だと判明した。蛾の影が霧に映し出され、人の姿に見えたのだ。その蛾の標本は、今も大英博物館（だったかな？）に保管されている……。

この話はなぜか七〇年代の児童書によく掲載されていた。いくつか資料は見つかったが、どれも僕が愛読した本ではなかった。

ほかに、旧約聖書の逸話そっくりに雨に混じって空からサカナやカエルが降ってくる話、交通事故で意識を失った子どもが、回復するとまったく別人になっていたという「生まれ変わり譚」、近年になって捏造だったことが判明した「狼に育てられた少女」など、当時定番の「半オカルト」エピソードがギッシリ詰まっていた。

お天気のよい日曜日の昼下がりなど、ベランダでコーヒーでも飲みながら、こんなアホな本をのんびり読んだらさぞかし気分がいいだろう……なんて思うのだが、どうも夢はかないそうもない。

愛すべき12人の「問題児」たち

『六年四組ズッコケ一家』

山中恒・著／松永 真・絵
読売新聞社 1977年
（学研『6年の学習』1973年4月号から1年間にわたって連載された。現在は「角川つばさ文庫」から新装版が刊行されているが、挿絵は松永真のものではなく、すべてアニメ風イラストに差し替えられている！）

　子ども時代の僕は一冊の本を繰り返し読むということをあまりしなかったが、この『六年四組ズッコケ一家』だけは何度も読んだ。そういう意味では本当に「愛読書」だったのだ。

　この本を手にしたきっかけは、母親が新聞の広告だか書評だかの切り抜きを見せてくれたことだった。「変なタイトルの本が出てるわよ。おもしろそうだから読んでみれば?」と言って、臨時のお小遣いをくれたのだ。母が『六年四組ズッコケ一家』というタイトルに注目にしたのは、その春、僕がまさに「六年四組」の生徒になったばかりだったからなのだろう。

母がくれた新聞の切り抜きを持って、確か渋谷の大盛堂(当時は「日本初の本のデパート!」という触れ込みの大型書店の先駆けだった)に買いにいった。まずビックリしたのは、その「バカ丸出し」といった感じのガキの絵が描かれた表紙だ。赤塚不二夫を凌ぐ破壊的なイラストに、「なんじゃ、こりゃ?」と思った。

しかし、読みはじめてみると、その内容にはもっともっと驚かされた。

悪ガキやいたずらっ子、ガキ大将や不良といったキャラクターが登場する児童文学は山ほどある。しかし、現役の子どもが読んでみると、そうした作品で描かれるいわゆる「悪い子」は、結局は多くが「優等生」なのだ。親や先生が想定する範囲内での「ワル」であって、要するに都合のいいキャラクターなのである。「デキの悪い子」の「デキの悪さ」が、最初から大人の許容範囲内にきれいに収められている。本当に「ヤバいヤツ」はいっさい出てこないし、そうした物語に登場する子どもたちは、どれも大人が操作するチェスの駒のようでリアリティーがない。

そういう連中ばかりが出てくる物語を読むたびに、僕らは「ふん、こんなヤツいないよ」と腹立たしくなってしまう。日々接している「子どもの世界」とはほど遠い、予定調和の架空の世界を見せられているような気分になる。

ところが！『六年四組ズッコケ一家』には「マジでヤバいヤツ」ばかりが出てくるのだ。いや、「マジでヤバいヤツ」しか出てこない。いわゆる不良タイプではなく、どれもむしろそれ以下。言ってしまえばほとんど「社会不適合者」である。作中、「マンカラ」が自ら語るように、「精神異常で、将来は犯罪者になる危険性が高い」とみなされるタイプなのだ（まぁ、この言葉は「虚言症」の「マンカラ」の台詞なので真っ赤な嘘でもあるのだが）。

本来なら、このキャラ設定は笑えない。通常の学習はおろか、集団行動もできなければ、マットウなコミュニケーションも不能。それどころか無自覚に反社会的で、そこにいるだけで周囲に混乱と騒動を巻き起こす。生きてるだけで大迷惑！　まさにナチュラルボーンなテロリストである。そんなヤツらが一二人も登場するのが、『六年四組ズッコケ一家』なのである。

この本当にどうしようもない連中の本当にどうしようもない日常を綴る山中恒の手腕は、本当に凄まじい。物語は一二人の「ヤバいヤツ」をひとりずつ紹介していく一二章で構成されるが、各章が爆笑必至の内容で、しかも章を読み終わると、そこで扱われる「ヤバいヤツ」どもが愛おしくて、カッコよくて、たまらないほど大好きになる。

こう書くと、読んでない人は「結局は予定調和で感動的にまとめてるんだろ？」と思うかもしれないが、そうではない。ダメなヤツらは最後までダメなのである。最後まで徹底的にダメなのだ。反省もしなければ軌道修正もしない。ダメなまま最後まで突っ走る。山中恒は「ダメなヤツ」らがダメなまま葛藤し、ダメであるからこその存在価値を見いだし、自力でダメな自分の居場所を確立するさまを描く。いや、たとえ存在価値も居場所も見いだせなくても、だからどうした！　と激しく僕らを鼓舞するのだ。その「優しさ」が凄まじい。

また大人になってから読むと、常にトラブルに巻き込まれる担任の「立野光子先生」の存在がキラキラと輝いていることに気づく。あまり容姿の描写はないのだが、どうもかなりの美人らしい。彼女は最低のクソガキどもをいっさい差別せず、ストレートにブチ当たっていく。それでいて常に正しいわけでもなく、ときには間違え、間違いに気づけばガキどもにも頭を下げる。公平で、勇敢で、正直で、聡明で、だけどおっちょこちょいで馬鹿の強い女性だ。

山中恒は、僕ら世代にはテレビドラマにもなった『あばれはっちゃく』、大林宣彦監督の映画『転校生』『さびしんぼう』の原作で知られる作家だが、やはり僕が一番好きなのは本作だ。

お前の魂の自由を常に死守せよ。ジャマする者には徹底的に反抗せよ。ただし、それは他者の魂の自由を担保するものであることを知れ！

本作が爆笑とともに叩きつけてくるテーマは、すべての人にとって究極の問題である。

自由と平和

僕らは「死の国からのバトン」を受け取ることができたのか？

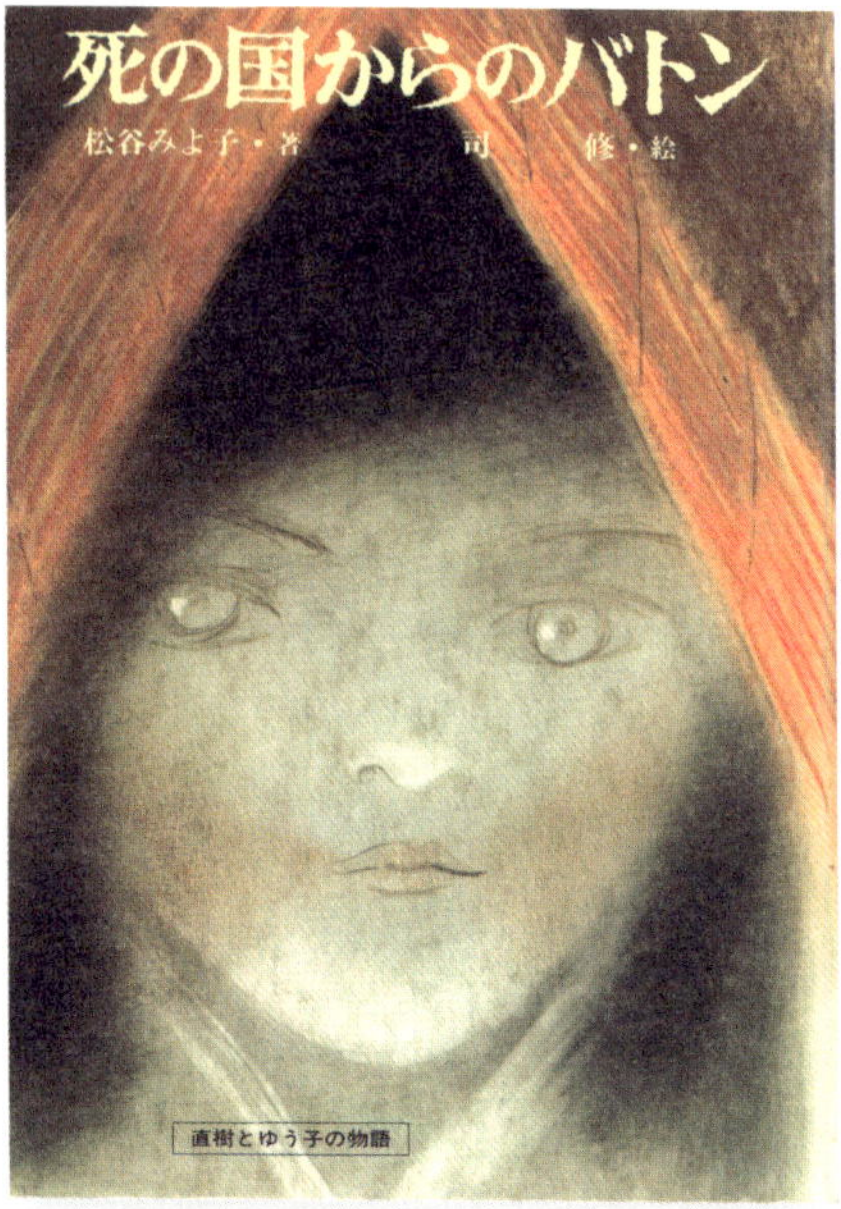

『死の国からのバトン』

松谷みよ子・著／司 修・絵
偕成社 1976年
（現在は品切れ状態）

小学生時代、本書は「図書室で一番怖い本」として有名だった。読んでいる子はほとんどいない。誰も読んでいないのに誰もが「怖い本」として知っている不思議な本だったのだ。

みんなが「怖い、怖い」と騒いでいたのは、司修が描くカバーイラストや挿絵である。深い闇の向こう側から、輪郭の定まらないなにかがこちらを見つめ返しているような絵ばかり。人の姿にも少しも生気がなく、あたりに充満する静寂の「シ〜ン」という音が聞こえてきそう。

僕らはただ絵だけを眺めながら、「うわ！　見て、この絵！」「きゃーっ、怖い！」みたいな楽しみ方をしていた。ほとんど『恐怖の心霊写真集』と同じ扱いである。

ハードカバーで全二五四ページ。ズッシリと重たい手強そうな本だったが、僕はどうしても内容が気になり、借りて読んでみた。このときの印象は自分でもビックリするほど薄い。

覚えているのは、期待していた幽霊は確かに登場するが、当時の僕が思い描いていた「怖い話」とはだいぶ違っていた、ということだけ。

約四〇年ぶりに読み返してみて、「覚えてないのも無理はないなぁ」と納得してしまった。

要するに難しいのである。覚えていないのではなくて、おそらく当時一〇歳かそこらだった僕には、ほとんど理解できなかったのだと思う。

この『死の国からのバトン』は、映画化もされた『ふたりのイーダ』からはじまる「直樹とゆう子の物語」シリーズの二冊目。続く『私のアンネ・フランク』『屋根裏部屋の秘密』『あの世からの火』で構成されるシリーズは、「告発童話」などとも呼ばれている。

それぞれ原爆、ホロコースト、七三一部隊、引き揚げ体験などをテーマにしていて、多くがいわゆる広義の反戦文学に属するものだ。いや、「反権力文学」といってもいいかもしれない。

シリーズ中、唯一本作には戦争の問題は描かれず、七〇年代に社会問題となっていた公害がテーマになっている。が、単に「テーマは公害」という形でまとめられるような物語でもない。

名もなき人々をないがしろにしていく大きな力、つまりは権力や巨大資本といったものに対して、弱者である僕らはどう向き合うのか？　といったことを、現代の子どもである主人公たちと、過去の子どもである彼らの先祖たちの交流の向こう側に見いだす物語……などと言っても未読の人にはさっぱりわからないと思うが、つまりは非常に要約しにくい作品なのだ。

今の時代の感覚では「こんなものを小学生に読ませるなんて！」と驚く人も多いだろう。あの時代に育った僕でさえ、読み返してみると「戦後民主主義」的リベラリズム全開の松谷みよ子の「真摯な善意」が、子どもの感覚や小説としての魅力をないがしろにするほど性急に暴走している……と思ってしまうところもある。

しかし同時に、あの七〇年代特有の空気の匂いが鼻先に蘇る。あのころは、こういう大人たちが確かにいたのだ。「またそういう話かよ」と鼻で笑う僕らに、しきりに聞き飽きた「お説教」を繰り返していたのだ。

「考えなさいよ。さもないと、あんたたちの時代にはとんでもないことが起こるわよ」

そして、「あんたたちの時代」はどうなったか？　半世紀前に書かれた本書を読めば、誰もが今の僕らに起こっているひとつの「とんでもないこと」を想起する。物語のラストで直樹がしっかりとにぎりしめたはずの「見えないバトン」は、少なくとも今の僕らの手にはない。

自由と平和

「しゃべって歩く椅子」の謎……かつて「そこ」でなにが起きたのか？

『ふたりのイーダ』

松谷みよ子・著／司 修・絵
講談社 1969年
（現在は講談社青い鳥文庫から刊行中）

僕が松谷みよ子の著作を読みまくったのは、大学生になってからだった。彼女のライフワークとなった『現代民話考』が八〇年代なかばから刊行されて、これが本当に刺激的だったのだ。太古の神話に連なる伝説から、現代っ子たちが語り継ぐ「学校の怪談」まで、口コミで流布する不思議な伝承や噂話を収集した現代版『遠野物語』。今僕らが生きている日常の現実と、絵本のなかにしかない民話的世界の境界が曖昧になってしまうような内容で、楽しさと不思議さと不気味さに満ちた本だった。

しかし、もしも小学生時代に『ふたりのイーダ』を読んでいなかったら、『現代民話考』も手にしていなかったかもしれないな、とも思う。

『オバケちゃん』や『龍の子太郎』、『モモちゃん』シリーズなどを読んだときは作家名など意識していなかったし、初めて松谷みよ子の名前を覚えたのが『死の国からのバトン』を読んだときで、前項でも書いたとおり、当時は「あんまりおもしろくない人だなぁ」という印象だったのだ。『イーダ』を読まなかったら、それっきりになっていたと思う。

『ふたりのイーダ』は『死の国からのバトン』の前作にあたり、五作品で構成される「直樹とゆう子の物語」の一作目だ。厳密に同一人物として全設定が引き継がれているわけではないが、主人公は本作でも「直樹とゆう子」。「直樹」が小四、本作では「イーダちゃん」の愛称で呼ばれる「ゆう子」は「もうすぐ三歳」。

このふたりが母親の仕事の関係でひととき祖父母の家にあずけられ、そこで一種の「怪異」を体験する設定はまったく『死の国からのバトン』と同じだ。続けて読めば誰もが冒頭あたりで「同じじゃん！」と思ってしまうが、『死の国からのバトン』についてはなにも覚えてなかった僕も、本作に関しての記憶は濃密だ。

とにかく「おもしろかった！」し、早く先が読みたくてジリジリしながらページをめくっていくうちに、やはり最後は茫然自失してしまいそうな衝撃を受けた。

約四〇年ぶりに読み返したが、小学生時代とまったく同じように夢中になってしまった。本作にこの感想は「不謹慎」だと言う人もいるかもしれないが、やはりとにかく「おもしろい!」のだ。

『死の国からのバトン』では、いくつかの歯車が空回りしているように思えたが、本作では大きな歯車から極小の歯車まで、無数の部品がガッチリと噛み合って、恐ろしく精巧な機械のように読者を物語内部へと引き込んでいく。

一種のミステリー小説として文句なくスリリングだし、『死の国からのバトン』ではどうもご都合主義的に流れてしまって失敗しているように見える「怪異」の描写が、本作では本当に不可解で怖い。「しゃべって歩く椅子」などという、言ってみれば「ディズニー的」な存在との出会いを読者が真顔で受け入れられるかどうか?……がこの物語の最大の難所だが、大人になった今読んでもゾゾッと鳥肌が立つような描写がいくつもある。これも「不謹慎」と言われそうだが、ちゃんと「ホラー」になっている。

そして、もうひとつは登場人物たちの存在感に満ちた魅力。なんといっても「スーパーヒロイン」のように颯爽と登場し、すべての事件にケリをつける「りつ子」のカッコよさ!

さらに、「ゆう子」のリアルな幼児感というか、あの年齢特有の、意味があるんだかないんだかわからない言動が本当にユーモラスでかわいくて、何度もプッと吹き出してしまう。

……なんて感じで、おもしろさの要素を逐一あげていくとつまらないテクニック論みたいになってしまうが、こうした魅力的な各要素が、単純にテーマに従属したり収束することなく、それぞれ独自の魅力をはなちながらも、渾然一体となって重いテーマを徐々に浮かびあがらせていく展開のうまさは、技術や設定の問題とは別の場所にあるのだろう。

「二六〇五年?・月六日」というカレンダーの謎を見事に解明した「りつ子」が、その答えを「直樹」に教える前に「これはね、直樹ちゃんがひとりで考えないほうがいいことだと思うの。」と語るくだり。とたんに不穏な空気が立ち込め、本作の恐ろしいテーマが物語の背後から初めて立ちあがってくる。

また、周囲を笑わせ続ける「ゆう子」の無邪気で無意味な言動が、ふと「もうひとりのイーダ」の気配と重なる場面。見慣れた妹が未知の誰かの面影をまとい、「生まれ変わり」という言葉が不吉さと痛みをともなって頭をよぎる。

そして、「ただの物」に戻ってしまう椅子の最後と、小さな子どもに戻ったように泣きじゃくる「直樹」と、最後の最後に明かされる「りつ子」のあまりに重い秘密……。終盤が近づくにつれて高まる凄味は、やはり松谷みよ子にしか、しかもこの時代の松谷みよ子にしか生み出せなかったものだという気がする。

「わたしにはときとして、物がこわいときがある。」……かなり奇妙な「あとがき」を読めばわかるとおり、これを書いたときの松谷みよ子は、たぶん「しゃべって歩く椅子」に「憑かれていた」のだと思う。

自由と平和

トラウマ童話の代表格「創作民話」という「偽装」

『ベロ出しチョンマ』

斎藤隆介・著／滝平二郎・絵
理論社（新・名作の愛蔵版）2000年
（1967年に理論社から刊行。現在は新装・新編集版として刊行中）

ここはあえて小学生時代の気持ちに戻って素直に書かせてもらうが、とにかく僕はこの人の本が苦手だった。それについては『モチモチの木』の項でもちょっと触れたが、特にこの『ベロ出しチョンマ』は、表紙を見ただけで今でもゲンナリしてしまうほど大・大・大嫌いだった！

正直に白状すれば、この原稿を書くために久しぶりに再読したが、子ども時代に感じていた「ウゲ〜ッ、イヤだ、イヤだ、イヤだ！」みたいな感情がリアルによみがえってきて、途中で何度も放りだしそうになってしまった。


よく『ベロ出しチョンマ』は「子ども時代に読んだトラウマ本」としてあげられるが、僕が苦手だというのはそういうことではない。むしろ露悪的に残虐だったり、ショッキングだったりしてくれるほうがまだまだずっとマシなのだ。

耐えられないのは、最初から「感動する」こと以外の反応が禁じられているような「不自由」な感じ、この「よい話」に異を唱えることはいっさい許されない感じ、頭ごなしの説教が延々と続き、途中で退屈してあくびしたりすると怒鳴られそうな感じ……などなどの、要するに圧倒的な「抑圧感」なのである。

わかりやすく言うと（わかりやすいかどうかわからないけど）、知らないおじいさんがこちらの鼻先まで顔を近づけてきて、辛気くさくて説教くさい浪花節や、苦しみや悲しみに耐える美徳をドロドロと歌いあげた演歌を、延々と三〇曲くらいがなりたてているような「不快感」である。しかも、それを最後まで正座して聞き続けなければならない、みたいな。さらに歌ってる方はなにやらひどく気持ちよさげに自己陶酔しちゃってて、聞いてる方の居心地の悪さにはいっさい気づいていない、みたいな……。


それに、なんだか少し品がない。言葉の選び方にいちいち顔を背けさせるドギツさがあって、それはお得意の方言を全面に出した文体の「効果」でもあるんだけど、しかし斎藤センセイ、なにやら雪深い東北の山奥で土と肥やしにまみれて育ったみたいな語り口だけど、実は超ハイソな東京渋谷は青山の生まれでしたよネ?

……イヤ、あくまでこれ、「小学生時代に感じていた反感」の吐露です。

この歳になってさえ『ベロ出しチョンマ』にこれだけの悪態をついてしまうという、この異様なルサンチマンはなんだろう?……と考えてみると、僕らが子ども時代に学校や先生たち、また各種「教育的」メディアといったものに対して、ずーっと感じていた「抑圧感」に対するルサンチマンなのだろう。

思えば、僕らが当時の大人たちからあてがわれる児童文学の多く、国語の教科書の掲載作品の多くに、この『ベロ出しチョンマ』と同じ匂いが漂っていた。僕らは、こういうものばかりを読まされてきたような気がするのだ。

当時、斎藤隆介作品は人形劇や影絵劇としても子どもたちにおなじみだったが、それで思い出すのは、小学校の低学年のときに渋谷の児童会館の劇場で観た影絵劇だ。タイトルは記憶していないが、内容から察するにたぶん『天の赤馬』だったんじゃないかなぁ……。

とにかくひたすら悲惨な百姓一揆の話で、会場を埋め尽くした子どもたちがドヨ〜ンと重たい空気に包まれた。衝撃やトラウマを受けたわけではなく、ただひたすらドヨ〜ンとしたのだ。

なんというか、「これを見せられて、僕らはなにを思えばいいわけ？」という戸惑いと、耐え難く重苦しい退屈さだけがあった。

　長い長い劇が終わって外に出たら明るく陽が照っていて、「あー、終わった、終わったぁ！」と、思いっきり伸びをして深呼吸したときの解放感と気持ちよさを今も覚えている。

　そんなことを思い出しながら、斎藤隆介が牽引し、六〇〜七〇年代の児童文学界でブームになった「創作民話」ってなんだったんだろう？と考えてしまう。どこの地方のものとも知れない方言で、ひたすら悲惨で、ストイックで、なんだか目的のよくわからない抑圧的な説教話を民話に「偽装」して子どもに語ること……。

　これってなんかに似てるなぁと思ったら、正体不明の料理を「創作料理」とか称したがる変な店のオヤジにも似てるけど、それよりももっと似てるのは、ありもしない架空の美徳やモラルを、さもそれが日本古来のものであるかのように説く例の「江戸しぐさ」とやらだろう。

　なぜか急に話は変わって、坂口安吾は「贋物には楽天性といふものはない。常にホンモノよりも深刻でマジメな顔をしてゐるものなのである」と書いている。また、大杉栄は確か「僕がこういう活動をやり続けているのは楽しいからだ」みたいなことを言っていた……ような気がする。いや、確かに言っていたはずだ。

　もしも『ベロ出しチョンマ』のネタ元とされる佐倉惣五郎の逸話が史実なら、彼もこういう「楽天性」を持った「ホンモノ」だったんじゃないかな？　などと勝手に思ってしまうのだ。

冒険と空想

ちゃんと読んでる小学生は実は以外と少なかった？

『ふしぎの国のアリス』

ルイス・キャロル・著／ジョン・テニエル・絵
田中俊夫・訳
岩波書店（岩波少年文庫）1955年
（現在は同文庫から新訳版が刊行中）

英文学史に燦然と輝くだけではなく、さまざまなカウンタカルチャーにも影響を与え続け、研究本が山ほど書かれている不朽の名作。今さら僕ごときが語ることなどなにもないが、しかし、やっぱりハズすわけにもいかないので、ちょっとした思い出話でお茶を濁すことにする。

僕が『ふしぎの国のアリス』を岩波少年文庫で「ちゃんと」読んだのは、小学五年か六年になってからだった。それ以前はディズニーのアニメや簡略版の絵本で触れただけだったと思う。なんで読んでみようと思ったのか、さっきまで一生懸命に思い出そうとしていたのだけど、どうもはっきりしない。当時の僕はオカルト少年として澁澤龍彦とかを読みはじめたころで、そっち方面の本に「アリス」の話が出てきたのかもしれない。あるいは、ロックを聴きはじめたころなので、ジョン・レノンの歌詞はルイス・キャロルの影響下にあるとか、そういうことをなにかで読んだのかもしれない。

ともかく、「実は『ふしぎの国のアリス』ってシュールでサイケでドラッギーで変態で超ヤバイんだぜ！」っていうのを初めて知って、「そうなのか！」と驚き、サブカル的な好奇心を刺激されたのだ。で、学校図書館で借りてみた。

その狂いまくった展開にはあきれてしまったし、高校生になってから英文学を読むようになったり、いろんなロックを聴くようになってからも、この作品が英語圏の文化全般に多大な影響を与えていることが実感できて、「ああ、読んでおいてよかったな」と思うことが多かったのだが、それはともかくとして……。

小学生時代のある土曜日、学級会が開かれて、そこで「図書委員からの報告」があった。

「図書館で本を借りたまま返さない人がいるので、今から名前を呼ばれた人は至急返却してください！」ということで、そういうズボラなヤツらの名前と、なんの本を借りたのか、その夕イトルが大きな声で読みあげられたのである。

僕は「そんなことどうでもいいじゃないか。こっちはお腹ペコペコなんだから早く帰りたいんだよ」なんて思いながらボーッと聞いていたら、突然「初見健一君！『ふしぎの国のアリス』が未返却です！」と大声で言われ、「えぇっ？」と飛びあがってしまった。どうやら、とっくに返却したつもりになって、借りっぱなしだったらしいのだ。

とたんに教室は大爆笑。みんなは「えーっ！『ふしぎの国のアリス』？」「幼稚園児みたーい！」「女の子みたーい！」と口々に言いながら大笑いしたのだ。特に隣のキタムラという女子は発作が起きたかのように腹を抱えて笑いだし、それをこらえつつ「ね、ねぇ、ちょっと、ゲハハハ！　な、な、なんでそんなの読んでんのよ？　ウヒヒヒ、ね、ね、なんで、なんで？キャハハハ！」などと言いやがったのである！

実際、『アリス』を「ちゃんと」読んでる子は少なかった。にもかかわらず、本作はなぜか「小さな女の子が読む童話」と目されていた。高学年にもなって、しかも男が「アリス」を読むなんてどうかしてる！と思われていたのである。僕はむかっ腹がたって、キタムラにまくしたてたのだ。

「バカッ！『アリス』ってのはスゴい作品なんだぞ！　あのビートルズだって……」

とかなんとか赤面しながら力説したが、彼女は「ゲハハ！　ウヒヒ！　キャハハ！」と笑い転げるだけで、まったく聞く耳を持たなかった。

英国児童文学の至宝
語り得ぬ圧倒的な「幸福感」

『クマのプーさん』

A.A.ミルン・著／石井桃子・訳／E.H.シェパード・絵
岩波書店 1957年
（1940年に『熊のプーさん』として石井桃子による翻訳が岩波書店より刊行。現在は『クマのプーさん』『プー横丁にたった家』を収録したハードカバー版と岩波少年文庫版が刊行中）

本書で取り上げる作品のなかで、たぶんもっとも語りにくいのがコレなんだよなぁ……と思う。

もっとも語りにくいというのは、要するにもっとも好きな本ということなのだろう。

この『プーさん』の二冊は、文学作品においてときおり起こってしまう幸福な奇跡というか、魔術のようなものが結晶化している作品だ。それ自体がもう完全すぎて、語る意味がない。

しかも、このミルンという人がムカつくのは、というかスゴいのは、その一生に一度あるかないかの奇跡的で幸福な魔法を、『クマのプーさん』と『プー横丁にたった家』だけではなく（まぁ、この二冊は切り離せないんだけど）、まったく別ジャンルの推理小説『赤い館の秘密』でも見事にかけてしまっていること。本当にもう、どういう人間なのかとあきれてしまう。

確かインタビューだか自伝だかで、「僕が推理小説を書くと推理小説の注文ばかりが殺到する。子どもの本を書くと今度は子どもの本の注文ばかりが来る。ほかのジャンルを書かせてもらえなくなるんだ」とかなんとか言ってたと思うけど、そりゃそうだ、バカ！　だったら、もっとつまらない本を書けばいいじゃないか！　まったく、この「天才まるだし」ぶりがホントにむかつくんだよなぁ……と悪態をつきたくもなるのだが、しかし、ミルンは「天才」という言葉もまったく似合わない作家だ。

そこもまたムカつくのだ。この人は「天才」の代償を払っていないというか、「天才」につきものの破綻がまったくない。生活者としても極めてまっとうで楽しそうで、スイスイと順調な一生を送ったように見える。いや、自伝などを読めば、まぁ、アレコレあったんだろうけど、それにしても、自伝のタイトルが『ぼくたちは幸福だった』ですからね！

コイツ、本当は超能力を持った宇宙人なんじゃないか？　いや、宇宙人というのもミルンには似合わない。やっぱり「神様に愛された人」なんだと思うしかないのだ。

グチを並べていてもしかたがないので、とにかく『プーさん』の話をしなければならないのだが、しかし、悔しいことにあたりまえのことしか言えないのだ。この『プーさん』は、「幼年期」の子どもの世界と、その「終わり」を描いた作品だということ。

少年・少女期、あるいは思春期、あるいは青春期の「終わり」を描いた作品は古今東西無数にあるが、リアルな「幼年期」と、その「終わり」を描くことに完全に成功している作品を、僕はほかに知らない。だって、そもそも「幼年期」を文章化することなど、不可能ではないか。多くの人が単に「幼年期」のアレコレを忘れているから、というだけではなく、誰だって「幼年期」から少年・少女期に移行する過程で、「幼年期」特有の感覚と思考自体を失うはずだ。

あの「人間未満」時代のモヤモヤ、フワフワした感覚は、「人間」になるときに誰もが捨て去る。それを完全に言語化できる人がいるとすれば、現役の幼児だけだ。だとすれば、その幼児は幼児でありながら、自在に言葉を操り、巧みに文章を綴れなければならないことになる。それじゃあ幼児じゃなくてバケモノだ！

ミルンは、このバケモノにしかできないことを不可解な方法でやってのける。『プーさん』を読むと、失ったはずの「幼児期」特有のモヤモヤ、フワフワの感覚、言語化できないはずの「幼児の世界」が、確かに目の前に広がるのだ。なんとか二足歩行できるようになって、不完全な言葉をしゃべるようになったころの自分が、確かに見ていた今とはまったく別の世界。それが本当に見えてしまう。そして、覚えていないはずのその光景を、「あ、遠い昔に、これと同じものを見たことがある！」と、圧倒的な幸福感のなかで懐かしく思い出させてくれるのである。

だからこそ僕らは、「クリストファー・ロビン」があまりにも唐突に「プー」に別れを告げるあの場面に、心底愕然としてしまうのだ。

「ぼく、もうなにもしないでなんか、いられなくなっちゃったんだ」

なにもしないでいい世界。存在の理由も目的もいらない楽園。そこを出て、「いってしまう」という。「幼児期」の終わり。それはまるで死の宣告のようだ。誰もが「幼児期」が終わるときに、一度死んでいる。それを忘れているだけだ。

そう、もうひとつ、絶対に言っておかなければならないのは、この作品を石井桃子が翻訳してくれたことの幸福な奇跡についてである。

非英語圏の人間である僕には、ルイス・キャロル的な言葉遊びを駆使したナンセンス小説でもある原典より、その要素をバッサリ切り捨てて、唯一無二の繊細な日本語で綴った翻訳版のほうが、より作品の本質に到達していると思う。変な言い方だが、ミルンの『プーさん』より、石井桃子の『プーさん』の方がより『プーさん』なのだと、本気で思ってしまうのである。

この本は、翻訳者とも信じがたい幸福な出会いをし、そしてもちろん、E・H・シェパードが挿絵を描いたこともこの上ない幸運だ。

なにからなにまでが幸福に満たされた、本当に奇跡のような作品なのだと思う。あり得ないっ！

怪奇と神秘

「終末ブーム」で日本中が大混乱! 70年代最大の「奇書」?

『ノストラダムスの大予言』

五島勉・著
祥伝社(ノン・ブックス)1973年
(現在は絶版)

学校の図書室にはもちろんなかったし、当時、実際にこの本そのものを手に取った子どもはごく少数だと思うのだが、七〇年代の子ども文化においては間違いなく最高レベルに重要な一冊だと思うので、一応は取り上げておきたい。

先ごろ、僕は某雑誌の企画で『ノストラダムスの大予言』の著者、五島勉氏にお話を聞く機会を得た。

勝手なイメージでは、五島勉といえば下世話で野蛮なエネルギーに満ちた昭和の週刊誌の世界を、「売文屋上等!」の魂と実力で縦横無尽に泳ぎまわった豪腕ルポライター。そういう印象をずっと抱いていたが、すでに御年九〇近く、「体調が悪いので取材は電話で。長時間しゃべると体に障るから一五分以内」と言われ、そうか、あれからもう四〇数年も経つんだものなぁと、あらためて僕らの子ども時代が遠く遠くへと過ぎ去っていることを痛感した。

「怖い人なんじゃないか?」と心配していたの

だが、五島氏の語り口はあくまで温和で理知的。冗談を交えつつ、ブーム全盛時の思い出話をいろいろと聞かせてもらった。

やはり一番印象に残ったのは、マスコミから袋叩きにあいつづけた日々のトラウマ話だ。これは聞いているこちらも背筋が寒くなった。

自分が書いた一冊の新書をこぞってマスコミが持ち上げて祭り状態のブームを引き起こした途端、一瞬で手のひらを返して犯罪者のごとく糾弾し、吊し上げキャンペーンが展開される……。

「僕もずっとマスコミの世界にいたけど、あのときに初めて、この世界は本当に怖いんだなぁと心底わかりました」

社会的に抹殺されかけた当時のことをそうふり返っていたが、それを「自業自得」という人もいるだろう。でも、その種の「恐怖のシステム」は今もいたるところで作動しつづけているし、誰の身にも起こりうることで、やっぱり「怖いんだなぁ」と僕も思うのだ。

一五分と限定されていたが、氏は結局、三時間もしゃべりつづけた。「ノストラダムス」に関する古今東西の文献を漁る研究は今も続けているそうで、「あの予言は完全に回避できたわけではない。現在もまだ有効だと僕は思っている！」と力強く語っていた。

それを聞いてあきれることもできたが、七〇年代オカルトブームに首まで浸かって、少年期に「終末」をたっぷりと楽しんだ僕としては、やっぱりうれしくなったし、なんだかちょっと安心したのだ。そうこなくちゃ！

教科書掲載作品と課題図書

風刺と毒舌の作家が描く南北戦争の光景

『光村ライブラリー12 野ばら ほか』

『空にうかぶ騎士』
アンブローズ・ビアス・著
光村図書出版 2002年

確か小学校の五、六年のときに、光村の国語の教科書で『空にうかぶ騎士』を読んだ。とにかく強烈に印象的な話だった。

あるとき、ヨーロッパのある街の上空に、馬にまたがって槍を持った中世の騎士が出現する。人々は騒然となり、街中がパニックに陥った。

ところが、この謎の空中浮遊騎士は、ただ浮かんでいるだけでなにもしない。人々が地上から恐る恐る話しかけても返答はいっさいなし。いったい、あいつは何者なのか？ なんのためにこの街の上空に現れたのか？

人々の不安は高まるばかり。あちこちで喧々諤々の議論がはじまる。大砲や銃で攻撃しようと言いだす人。いや、不気味なだけで無害なのだから手出しはするなと言う人。街の住民たちは分裂し、不和が広まる。

しかし、ある朝、騎士はあっさりと姿を消す。街の人はただ「なんだったんだ、あれは？」と首をかしげ、物語はオチもないままに終わる。

そんな作品で、読んだ僕もまた「なんだったんだ、この話は？」と首をかしげた。

……と、つい先日までは思い込んでいた。思い込んでいただけでなく、今まで僕はこの物語について、何度となく同世代の知人たちに「あの短編、すっごくシュールだったよね」という話をしている。なぜかみんな「え？　そんなのあったっけ？」と答える。あんなに印象的な話なのに、誰も覚えていないのが不思議だった。

しかし、誰も覚えていないのも無理はないのだ。変な騎士が空に浮かんでる話など、どこにも存在しないのである！　本書を書くにあたって再読してみたところ、『空にうかぶ騎士』はぜんぜん違う作品だった。舞台は南北戦争時代のアメリカで、内容はシリアスでシニカルな戦争譚。シュールな要素はまったくない。「そんなはずはない！」と慌てて探してみたが、ほかに同名の作品は見あたらない。では、僕の頭にある『空にうかぶ騎士』はなんだったのか？　浮遊する謎の騎士の挿絵まで覚えているというのに！

子ども時代の思い出についてアレコレの勘違いをしてしまうことも多いが、これほど思いっきり記憶を捏造してしまったことはさすがにない。なにかと記憶がゴッチャになっているらしいのだが、そのなにかが皆目わからず、非常に気になっているのである。このウソの記憶にネタ元があるなら、ぜひ読んでみたい。

……といった話をしているうちに、『悪魔の辞典』で知られる大家の作品を解説する余白がなくなってしまった。

ショック！　残酷！
悲鳴をあげながら眺めたポケット図鑑

『大全科』シリーズ

秋田書店 1970年代後半〜

（70年代後半から80年代にかけて刊行された。現在は絶版）

左：『怪奇大全科　血も凍る怪奇・恐怖映画のすべて!!』日野康一・著／1979年…ドラキュラやフランケンなど、洋画に登場する海外モンスターを紹介。 右上：『妖怪大全科　世界の妖怪モンスターと悪魔のすべて』佐藤有文・著／1980年…当時の定番コンテンツだったいわゆる「妖怪図鑑」の海外モンスター版。 右下：『ショック残酷大全科　身の毛もよだつ映画の残酷シーン大登場』日野康一・著／1982年…「お家芸」の残酷映画のショックシーン解説本

七〇年代に流行した小型で分厚い「ポケット図鑑」の代表的シリーズ。小学館「コロタン文庫」、「ケイブンシャの大百科」などとともに学級文庫の常備図書になっていた。当時の子ども向け実用書シリーズ同様、この『大全科』も一応はホビー入門をテーマにしたラインナップではある。しかし、なんといっても『大全科』といえばオカルトなのだ。しかも、その内容が他社に比べてとにかくエグ

い！　グロい！　さらに言えば編集が粗い！（笑）。そのキッチュさと、なんとも強引な編集方針こそ、『大全科』ならではのワイルドな魅力だった。

無数のオカルト本がラインナップされていたが、多くの人の記憶に「『大全科』らしさ」として刻まれているのは、『怪奇大全科』『ショック残酷大全科』などのたぐいだろう。一種の「ホラー映画ガイド」で、この種のものだけでも大量に刊行されていた。

いや、「ガイド」と言っていいかはわからないが、とにかく古今東西のホラー映画から血しぶきビチャビチャ、内臓ドロドロみたいな決定的グロシーンを抜き出し、それらをひたすら並べて刺激的でいい加減なキャプションをつける、というスタイルなのである。作品名が堂々と間違っていたり、そうかと思うと異様なほどマニアックでレアな作品がしっかり解説されていたり、そのへんのアンバランスさも味わい深い。

いわゆる「七〇年代ホラー」だけでなく、ヤコペッティ大先生の残酷映画、グロとヤラセを究極まで突き詰めた『ジャンク』などの残酷ドキュメントまで扱うので、掲載される画像もハンパない。子どもたちはページをめくるたびに「ギャ〜ッ！」とか「ウゲ〜ッ！」とか叫びながら楽しむのである。そこに突然、シレッとゴダール作品の解説が出てきたりしてしまうのだからクラクラする。

もちろん親も先生も顔をしかめる本なのだが、しかし、みんなで休み時間に眺めて盛り上がるにはピッタリのシリーズだった。

少年を「文明」の外側へ誘う
究極のサバイバル指南書!

『冒険手帳
火のおこし方から、イカダの組み方まで』

谷口尚規・著／石川球太・絵
主婦と生活社（21世紀ブックス）1972年
（2005年より光文社「知恵の森文庫」より刊行）

一九七二年に主婦と生活社の実用書シリーズ「21世紀ブックス」の一冊として刊行され、ティーンエイジャーの間で口コミによって評判を高め、刊行からほどなくして一〇〇刷もの版を重ねるベストセラーとなった「名著」。その後も昭和の少年たちの「バイブル」として長きにわたって読み継がれ、近年も光文社から文庫が刊行されて新しい読者を増やし続けている。

なぜ当時の子どもたちにそれほどまでにウケたのか？　その背景には、七〇年代初頭からなかばにかけての「サバイバルブーム」があった。「サバイバルブーム」といっても、エアガンで撃ち合う「サバイバルゲーム」が流行していたわけではない。

ブームの端緒となったのは、終戦を知らないまま「日本兵」としてグアム島のジャングルで三〇年近くも孤独な野外生活を送り、一九七二年に帰還した横井庄一氏のニュースだ。当時、横井氏がさまざまな雑誌やテレビで、自らの体験を通じて習得した「実践的サバイバル術」を語っていたのを覚えている人も多いだろう。

続いて翌年、『日本沈没』や『ノストラダムスの大予言』が社会現象となって、一大「終末ブーム」が到来する。大災害、食糧危機、公害による環境破壊、核戦争などによって「世界の終わり」がやってくる！……という話題がメディアにあふれ返った。

このふたつの要素が混然一体となって巻き起こったのが、七〇年代特有の「サバイバルブーム」だった。「世界の終わり」や「文明の崩壊」といった超過酷な状況のなかで、我々はいかにして生きのびるか？「このままでは人類は滅ぶ」といった未来予想を前提に、ある種の「文明批判」を孕んだ奇妙な流行で、当時の潮流だったオカルトブームの余波でもあった。

七六年には『週刊少年サンデー』誌上でさいとう・たかおのマンガ『サバイバル』の連載が

スタートして人気を博すが、それ以前から児童書の世界では「サバイバル本」が続々と刊行されていた。多くは「世界の終わり」に直面した人々の極限状態の恐怖をパニック映画・ホラー映画風に描写する荒唐無稽な内容。今も伝説のトラウマ本として語り継がれる『食糧危機を生きぬくための飢餓食入門』(講談社ドラゴンブックス)などはその典型だ。カラス、ネズミ、ウジ、ゴキブリなどの食べ方についての超絶にグロい図解がたっぷりと収録されており、友達と「ウゲ〜ッ!」と大騒ぎしながら楽しむ完全な「怪奇系児童書」だった。

『冒険手帳』はティーンエイジャー向け「サバイバル本」の先駆けとなった一冊だが、こちらはあくまでも本来の意味での実用書であり、コケおどし的なグロ描写などはない。「食べる」「獲る」「寝る」「切る」「結ぶ」「歩く」「救う」といったぶっきらぼうな章立てで、極めて具体的で実践的なサバイバル術の数々が、野蛮さとユーモアが同居した谷口尚規氏の文章と、マンガ家・石川球太氏による力感にあふれた大胆な劇画調イラストで解説される。

しかし、その内容には娯楽的な「怪奇系児童書」をはるかに超える過激さがあった。本書で解説される「野外生活」とは、要するに「文明」の外側で生きることだ。常日ごろ、僕らがあたりまえに受け入れている「社会」から離れて孤立無援の状態になったとき、それでも「生き残る方法」を極限までシビアに突き詰めた内容には、嘘やたてまえ、おためごかしがいっさいない。教育的配慮などともまったく無縁だ。

そこが当時の男の子たちの多くを驚かせ、夢中にさせたのだと思う。

僕が初めて『冒険手帳』を手にしたのは一〇歳のころ。入隊したボーイスカウトの教則本の一冊として配布された。「教則本なんて、どうせつまらないことしか書いてないいんだろうな」と思いながらパラパラとページをめくっているうちに、あの「食べられる動物」のリストを目にしてしまい、ドギモを抜かれてしまった。本書を読んだ誰もが最初に衝撃を受ける有名な箇所である。スズメ、コウモリ、カエル、タニシなどのイラストが並ぶ「食用動物」のリストの最後に「ニンゲン」という項目があり、ナイフを片手に身構える女の子の姿が描かれている……。

このブラックなユーモアを悪趣味といってしまえばそれまでだが、当時の多くの男の子たちは、この箇所で「人間もまた動物である」という本書を貫く衝撃的な価値観を叩き込まれ、一種のショック療法を施された。それは高度成長の果てに到達した「豊かさ」のなかで生きる僕ら世代へ、戦前生まれの旧世代から投げかけられた挑発的な問いかけだったのだと思う。「他人が用意した環境やルールのなかでしか生きられなくなったキミたちは、それでも人間といえるのか？　動物以下ではないのか？」

この極めてラディカルでアナーキーな異議申し立てに、あのころの僕らの血は騒いだのだ。本書を読み終えた後に感じる一種の「自由」な感覚というか、それまで味わったことのない解放感は、刊行から半世紀を経た現在も少しも色あせていない。本書は今も子どもたちを「文明」の外側への「冒険」へと誘い続けている。

冒険と
空想

読めばいつでも「あのころの夏休み」
本気の「冒険ごっこ」がもたらす感動!

『ツバメ号とアマゾン号』
(『アーサー・ランサム全集1』)

アーサー・ランサム・著・絵／岩田欣三・神宮輝夫・訳
岩波書店 1967年
(1958年に「岩波少年文庫」で翻訳された後、67年に『全集』刊行。
現在は絶版だが、「岩波少年文庫版」が刊行中)

まえがきでも書いたとおり、本書は別に「よい本」とか「おもしろい本」を紹介するものではなく、単に子ども時代の僕が「読んだ本」をひたすら羅列していくことを主眼としている。なので「つまらない本」とか「読まなくてもいい本」でも懐かしいと思えば無差別に紹介しているのだが、しかし、なかにはもちろん「よい本」もあるし、「おもしろい本」もあり、声を大にして平成っ子たちにも「これだけは絶対読んで!」などと、大きなお世話だと思いながらも大プッシュしたい作品もあるのだ。

それが、この『アーサー・ランサム全集』である。まぁ、僕などに「読んで!」なんぞと言われなくても、今の子どもたちだって本好きなら読んでいるのだろうけれど(と思いたい)。

しかし困ってしまうのは、「つまらない本」や「読まなくてもいい本」のほうがなにかと語りやすいということ。『クマのプーさん』なんかもそうなのだが、自分が死ぬほど愛している本については、もうなにも言うことがない。ただ「読め!」と身勝手に繰り返すしかないので、だから「読め!」。

……だと話が終わってしまうので、しかたがないからなにか書いてみよう。

しかし、こんな駄文を読んでいるヒマがあるなら、とにかくランサム作品を一冊手に取って読むほうがよっぽどいい、とは言っておく。

この『ランサム全集』は、アーサー・ランサムによる『ツバメ号サーガ』と呼ばれる一二の長編小説をまとめたシリーズである。『ツバメ号サーガ』とは、帆船「ツバメ号」の乗組員である男子二人、女子二人のウォーカー兄妹と、海賊船「アマゾン号」の乗組員である海賊の女の子たち、ブラケット姉妹の「冒険譚」を主軸にした物語だ……と説明したものの、このあたりがちょっとややこしくて、このややこしさが「ツバメ号サーガ」の大きな魅力なのだ。

まず「冒険譚」と書いたが、このシリーズは超リアリズム小説であって、まったくファンタジー小説でもないし、冒険小説ですらない。いや、正真正銘の冒険小説なのだだが、それでも冒険小説ではないのだ。ほら、ややこしい！

ウォーカー兄妹もブラケット姉妹も、現代（作品が書かれた三〇年代）の英国に生きる普通の子どもたちだ。二組の子どもたちが乗る船も、公園の池の手こぎボートに帆をつけたようなお遊び用の船である。舞台は大海原ではなく、ほとんどが英国湖沼地帯の小さな湖。夏休みを過ごすために家族と来ている避暑地だ。彼らはただ、それぞれ自分たちを七つの海をまたにかける冒険家、「海の恐怖」と恐れられる女海賊などの「つもり」になって、一緒に「冒険ごっこ」を繰り広げて遊んでいる。その「遊び」が描かれているだけなのである。

しかし彼らは、父親の訓練（ウォーカー兄妹の父は本物の船乗り）によって、また、読み漁った大量の海洋冒険譚の本によって、本格的な航海術と野外生活術のスキルを身につけている。

このあたりの描写はヨット好きの人たち、あるいは僕のようにボーイスカウト経験のある人間にはたまらない。航海術と野外生活術の描写は、徹底してシビアなリアリズムに根ざして書き込まれる。これについては完全にマジだ。そのマジな知識と技術を駆使して、彼らは単なる「冒険ごっこ」という「遊び」を「命がけ」（のつもり）で、真剣に楽しみ尽くす。その数日間の様子が描かれるのである。

そして！　その「遊び」の途中にほんのちょっとした「不測の事態」が起こり、「冒険ごっこ」はいつのまにか本物の「冒険」に変転してゆく。子どもたちの「ごっこ」が「ごっこ」ではなくなるとき。「遊び」が「遊び」でなくなるとき。その瞬間に、こうして書いていても総毛立ってくるような快楽と喜びが生まれる。それこそがランサムの作品にしかない、もう本当に贅沢な「感動」だ。「感動」などとアッサリ書いてしまうのはイヤなのだが、ほかに言葉が思いつかないのだからしかたがない。

子どもであるということは、どういうことだったのか？　子ども時代、どんな気持ちで「遊び」を楽しんでいたのか？「あのころ」の夏休みって、どんな感じだったのか？

それらとっくに忘れていたこと、いや、覚えているつもりでも、実は忘れていた繊細な実感と情景が、ランサムの作品を読んでいるとドババババッと押し寄せてくる。本当に鼻先に「あのころ」の「夏の匂い」がムワッと漂ってくる。

三〇年代の英国の、しかもかなりの上流家庭の子どもたちなど、僕らには縁もゆかりもない。しかし、そんなことは関係ない。ここには、明らかに僕らのことが書いてある。誰が読んでも、男だろうと、女だろうと、何歳だろうと、どこの国の人でも、いつの時代であろうと、そんなこととは関係なく、これらの本には僕らの「子どもの夏」がまるごと封じ込められている（あ、なかには「冬休み」が舞台の話もあったりするんだけど、これもまた素晴らしいのだ！）。

とにかく「読め！」。まずは第一巻の『ツバメ号とアマゾン号』を「読め！」。

「ひとりぼっちのティティ」
その不可解で底知れぬ魅力……

『ツバメ号の伝書バト』
(『アーサー・ランサム全集6』)

アーサー・ランサム・著・絵／神宮輝夫・訳
岩波書店 1967年
(1961年に講談社『少年少女世界文学全集』で訳出され、その後、「岩波少年文庫」版刊行を経て、67年に『アーサー・ランサム全集』の第6巻として刊行される。現在は「岩波少年文庫版」が刊行中)

前項で興奮気味に『ランサム全集』を語ったら、なんだかブレーキが効かなくなってしまった。対象がダブるが、しかし、どうしても前々から気になっていたことがあるので、少し書いてみたいのだ（ランサムについてはなにも書くことがない、と言っておきながら！）。

『ランサム全集』はどれも一二粒の宝石のように素晴らしいが、それでも僕が一番愛しているのはやはり第一巻の『ツバメ号とアマゾン号』である。もうこれは別格。毎年、梅雨が明けはじめるかな、というタイミングで読んでしまう。これを読まなければ夏は来ないのである。

しかし、もう一冊なにかあげろといわれたら、迷わず『ツバメ号の伝書バト』をセレクトする。さらにもう一冊といわれると三カ月くらい迷いそうだが、この『伝書バト』は特別な作品だと思う。サーガのなかでもちょっと不思議というか、なんとなく妙な凄味がある……。


ところで、『ツバメ号サーガ』の主役は誰か？

ランサムは厳格なほど客観的に子どもたちの行動を描く作家だ。ウォーカー兄妹、ブラケット姉妹、さらに仲間に加わる子どもたちを、その行動に従って的確に描写し、主に力点が置かれるのは人ではなく、起こる「こと」である。そうした意味では「ハードボイルド」的だ。

また、各話によって活躍する子どもは変わる。誰もがときにヒロイックで、ときに大間違いをしでかしてみんなを危険にさらしたりもする。

では、サーガ全体を通じて明確な主人公はいないのか？　というと、どうもそうでもない。

一応、ウォーカー兄妹の長男ジョンは、ポジション的には常に「主役気味」の位置にいるが、しかし、僕が思うのは、そして、たぶん多くの人が同じ印象を持つと思うのだけど、このサーガ全体の主人公は、ウォーカー兄妹の三女であるティティ・ウォーカーなのだろう。

少なくとも、どういうわけか、あれだけ公正

(?・)に子どもたちを描くランサムが、彼女だけを「特別な子ども」として描いているらしいフシがあるのだ。このあたりのバランスが妙に悪い。ティティについて語られると、とたんに距離感がおかしくなるのだ。そこに得体の知れない魅力的な亀裂が走っているような気がする。

なぜティティだけが特別なのか？ 僕自身、サーガの登場人物のなかで一番好きなのはティティなのだが、しかし彼女には、なぜだが少し怖いところがある。

ティティの役割は「AB船員」。しかし、彼女が担っている本当の役割は「想像力担当」だ。

彼女はほかの子どもたちには与えられていない「想像力」と「空想癖」によって、現実と架空の物語をリンクさせ、次々に新しい「遊び」を考案し、「冒険ごっこ」に新たな展開をもたらしてゆく。このサーガの「エンジン」のような存在だ。サーガのなかで、リアリズム小説ではなくフィクションとして提示される『ヤマネコ号の冒険』は、ティティの創作らしい……という形をとっている。というか、実際の作者であるランサムと、登場人物のひとりであるティティが溶け合ってしまった状態で成立したかのような、不思議な立ち位置の作品だ。

ティティは「想像」し、「空想」し、そして「書く」子どもであるらしい。感性豊かで繊細な少女として描かれるが、ときにティティの「想像」と「空想」は暴走する。走り出したら自分でも止めることができない。そんなときのティティのイマジネーションは、「海の恐怖」と恐れられ、ときにみんなをドン引きさせる女海賊ナンシイ・ブラケットよりも過激で凶暴だ。

「想像」し、「空想」し、そして「書く」子ども。それはどんな存在なんだろう？　乱暴に言ってしまえば、「孤独」なのだろう。あれだけ最高の仲間たちに囲まれているティティが孤独？

そんなふうには思いたくないけど、たぶんそうだと思う。どのくらい「孤独」なのかといえば、作家としても生活者としてもおおむね幸福に過ごしたように見えるランサムと、たぶん同じくらいに「孤独」なのだろう。違うかな？

『ツバメ号の伝書バト』には、子どもたちがダウジングによって水脈を探す場面がある。ダウジングとは、針金を使って地中のものを探しあてるオカルト的スキルだ。リアルなランサム作品では、ここは非常に場違いなシーンである。

そして、あろうことかティティだけが、このオカルト的実験に成功してしまう。水を発見してしまうのだ。当然、ほかのみんなは驚く。自分に「超能力」がある（かもしれない）と思ったティティはどうしたか？　僕なら「わーい！」と喜んで自慢しまくるが、ティティは泣く。

この場面は、何度読んでも体が震えてしまう。よくもまぁ、こんなに悲しくて、残酷で、痛々しい幸福感に満ちた場面を思いつくものだ！

ティティがなぜ泣いたのか？　単に怖くなったのか、自分だけがほかの子と違うこと、「孤独」であることを知ったのか、あるいは「宿命」のようなものを悟ったのか、それはわからないけど、これほど生々しく子ども時代の一瞬を切り取った小説を、僕はほかに読んだことがない。

教科書掲載作品と課題図書

一匹の「ネコ」を主人公にした
究極のハードボイルド小説!

『荒野にネコは生きぬいて』

G. D. グリフィス・著／前田三恵子・訳
福永紀子・絵
文研出版（文研じゅべにーる）1978年
（1979年度、高学年部門の課題図書に撰定されている）

ネコ好きな人は読まないほうがいい。特に自分の飼いネコを「ウチの子」などと擬人化して溺愛するタイプのネコ好きにとって、この本は禁書だ。まして言葉をしゃべるネコがアレコレの冒険をするような子ども向けファンタジーだと思って読みはじめてしまうと、トラウマ的な強制的価値転換を迫られてしまうだろう。

本作はまさしく「ハードボイルド小説」である。ネコを主人公とした完璧な「ハードボイルド小説」なのだ。「ハードボイルド」といっても、昭和の一時期に日本のオッサンたちの間で流行した自己愛とナルシズムと幼児的ロマンチシズムに満ちた「和製ハードボイルド」ではない。創始者のヘミングウェイが確立した徹底した行動主義に基づくファンダメンタルな「ハードボイルド」であり、さらにいえば、このジャンルの創成に多大な影響を与えた動物行動学者、コンラート・ローレンツの名著『攻撃　悪の自然誌』を、そのまま文学作品に変換したかのような実験的作品である。

これに比べれば、レイモンド・チャンドラーの作品（大好きだけど）など砂糖菓子のように甘ったるく思えるし、「ポイズンヴィル」での暴力と殺戮を煮えたぎるようなタッチで描いたダシール・ハメットでさえ、サービス精神旺盛なエンタメ作家に見えてしまう。

ハードボイルドには、血も涙も不要である。わけもわからぬまま無力な雌の子ネコとして荒野に捨てられる主人公には、最後まで名前すら与えられない。作中では単に「ネコ」と書かれているが、これはハメットが名無しの私立探偵を「コンチネンタル・オプ（コンチネンタル探偵社の探偵）」としか書かないのと同じ流儀だ。

ネコはひたすら自然の猛威と人間の悪意にさらされながら成長し、産んだ子ネコの死を目の当たりにするなどの苦渋を舐め続ける。

これらの物語、といっても、そこには明確な構成も起伏もないのだが、その苦難の連続が悲劇として語られるわけではない。彼女は「かわいそうな主人公」などではなく、ただのネコなのである。だから、読者である人間には完全には感情移入できない。作中、ネコの「殺戮本能」が何度も描写される。目の前のウサギやネズミを「殺せ」と、本能が彼女に語りかける様子がしつこく描かれるのだ。これほど「殺す」という行為を繰り返す主人公も珍しい。これを人間に置き換えたら、『悪魔のいけにえ』なみのホラーになってしまうだろう。

またネコは自分が産んだ子ネコが目の前で薄汚い肉塊になってしまっても、さして悲しむことはない。次の瞬間には、彼女の持ち前の好奇心は別のことに気を取られてしまうのだ。

行動は行きあたりばったり。だが、そこには人間には理解不能の「野生の勘」に基づく法則があるらしい。人間には理解不能なので、作者もそれについては詳しく解説しない。できないのだ。「こうなのだからしかたがない」と、物語を綴ることを放棄したような語り口で、ただ淡々と展開が語られていくのである。

ここにあるのは、むき出しの自然の掟と、ときに優しかったり、ときに邪悪だったりする数人の人間という「不思議な動物」と、それらに翻弄されるネコという「ケダモノ」だけだ。そうしたものが、ただありのままにゴロンと投げ出されている。我々はただ眺めるしかない。眺めた結果、僕らが涙を流そうと、あるいは自然の神秘や威厳を感じて恍惚の表情を浮かべようと、そんなことは当のネコの知ったことではない。「ケダモノ」は、ただ生まれ、生き、殺し、死ぬだけだ。「こうなのだからしかたがない」。

文学的な工夫を極力排除した本作に、唯一、ある種の文学的ロマンがあるとすれば、それは場所の設定だろう。作者は、ネコがさまよう荒野としてダートムア（ダートムーア）を選んでいる。英国に残された謎と神秘と恐怖の原野だ。言うまでもなく『嵐が丘』や『バスカヴィル家の犬』の舞台となった場所である。

作者は、この場所に関しては「もと古代ケルト族の聖なる森であって、今も悪霊がうろうろしている」と記している。「ケダモノ」の世界を「ケダモノ」の価値観だけで語っていく本作だが、ここだけは「人間側」の価値観で場所のイメージが提示される。ここは「怪奇」で「不吉」な森なのだと。直後、本作で最大のクライシスが起こる……。

ネコ好きにはトラウマ本だが、しかし、一度でもネコを飼ったことがある人なら、この本を好きになるか嫌いになるかはともかくとして、本作のなかにはまさしく一匹のありのままのネコが生きていることだけは実感できると思う。

ネコと暮らす人が誰でも知っているネコ特有の不思議な仕草や反応、わけのわからない気まぐれ、貪るような眠り方や食べ方、幸福と安らぎを感じているらしいときの、グンニャリとした体を無防備にさらす愛おしい様子などが、これ以上ないほどにありありと描かれている。

自由と平和

児童室の書架に紛れ込んでいた
正体不明の「異物」……

『ピカピカのぎろちょん』

佐野美津男・著／中村 宏・絵
あかね書房 1968年
（2005年に「復刊ドット・コム」を運営するブッキングより復刊）

奇怪な本だ。なんの話なのか、なにが書いてあるのかもよくわからない。大人になって読みなおしても、やっぱり説明も要約もできない。

ただ、小学生時代に読んで「なんだか知らないけどヤバイぞ！」という予感を、今も同じように感じるだけだ。予感だけが漂う本なのである。

子ども時代は、「なんだか今日はおかしい」といったような、理由のない違和感に襲われることがあった。年齢を経るごとに減ったが、特に幼児期は頻繁に不思議な違和感を覚えた記憶がある。特に「お昼寝」から目覚めたときだ。

眠る前に隣で本を読んでいた母親の姿が消えている。窓にはレースのカーテンが揺れていて、そこから差し込む光が変に白々している。昼下がりらしいが、時間はよくわからない。親がいるはずの階下からも物音はまったく聞こえず、家中がシ～ンと静まり返っている。

自分の周囲が、確かにいつもの風景なのだが、部屋の広さ、床から天井までの高さ、見慣れた細々とした物の色彩や大きさ、空気の匂いまでもが、ほんの少しだけいつもと違っているような気がする。その感覚は寝起きの頭がはっきりすればすぐに消えるが、ときには母親や父親の表情や仕草が、普段とは微妙に違うような気がすることもあった。

知らないうちに世界がほんの少し変わってしまったような感じ。あるいは、見えないところで何事かが起こりつつある気配。『ピカピカのぎろちょん』は、そんな感覚を思い出させる。

駅前の噴水から鳩が消える。国道から自動車が消える。新聞が配達されなくなる。駅へ続く歩道橋の前には警官が立ち、通行人を制止する。

「いま、この橋はわたれませんよ。この橋はわたってはいけないことになっています。」

大人たちは言う。どうも「ピロピロ」らしい。しかし、「ピロピロ」なるものがいったいなんなのか、誰も正確には知らない。子どもたちがたずねても、大人はうるさそうに答えるのだ。

「おれたちは、とくにべつにえらくもないし、わるいこともしていないから、関係ないさ」

学校は休みになり、商店街はバリケード封鎖され、緑色のヘリコプターが街の上空を旋回し、駅前広場に九本あったイチョウの九本目が切り倒され、そして、ついに「ギロチン」が出現する……。


いったい、なにが起こっているのか？

解けない謎、というか、あるのかないのかもわからない謎を解いてやろうと夢中で奮闘するのは、小学四年生の「アタイ」。昔の東映映画に出てくる「ズベ公」をそのまま小学生にしたような、口が悪くて乱暴で、ワガママで負けず嫌い、ときにズル賢く、しかし義侠心と不屈の精神を宿したこの上なくカッコイイ女の子だ。

そして、彼女に家来のようにこき使われる弟の「マア」、さらに肥満児の「ゴン」、貧乏な「ヤキブタ」、足が不自由な「キンヤ」、パパがひき逃げされた「ピアノ」などなど、『アパッチ野球軍』なみにクセのある友人たちが力を合わせて、「ピロピロ」の実態を暴こうとする。

しかし、謎解きの物語ではないのだ。そもそも「ピロピロ」に実態などあるのだろうか？

子どもたちの行動は挑戦であり戦いであると同時に、どこか「ごっこ遊び」風に遊戯的で、ゴールはない。しかし、スリルだけはある。

「マア、ゆだんするんじゃないよ、これからやることは、あそびなんかじゃないんだからね。」

そう弟に釘を刺す「アタイ」は、「ピロピロ」の追求に胸を踊らせ、心底楽しんでいる。

この感覚が懐かしい。「あの建物、なんだか怪しいぜ」などと言って、友人たちと廃病院などに忍び込んだことを思い出す。子どもたちの「遊び半分」は、ときに極めて真剣なのだ。

東京大空襲で家族を失い、上野の浮浪児として少年時代を過ごした佐野美津男は、主に六〇年代から七〇年代にかけて、子どもに向けて、そして若者に向けて、ラディカルで挑発的、あるいはシュールとしか評しようのない作品を矢継ぎ早に発表しつづけた作家だ。

なかでもこの『ピカピカのぎろちょん』は、幻の「トラウマ本」として伝説的に語られつづけた作品。長らく絶版状態が続いたが、「本の探偵」で知られる児童文学評論家、赤木かん子氏の尽力もあって、数十年ぶりにようやく復刊された。

僕も四〇年ぶりに再読したが、子どものころと同様、やはり解析不能である。ただ、大人になって読みなおして思うのは、シュールと形容される内容は、実は僕らが体感する現実に非常に忠実なのではないか?……ということ。

なにかコトが起こるとき、社会が変わってしまうときは、得てしてこういうものなのだと思う。わかりやすい謎も、明確な問題も、起承転結のある道筋も見えない。全体を把握しかねるズブズブのカオスのなかに、「なんだかおかしい」というかすかな匂いと予感が漂うだけだ。

その匂いと予感に敏感で、確信犯的に自らの好奇心だけで突っ走る「アタイ」の啖呵は、本当にシビれるほどにカッコいい！

「いつかおまえを、たおしてやる。せいぜいそれまで、いばっておいで。」

ユーモアと笑い

抱腹絶倒のオカルト本?
「狐狸庵先生」の名エッセイ

『ボクは好奇心のかたまり』

遠藤周作・著
新潮文庫 1979年
（現在は絶版だが電子書籍版が刊行中）

子ども時代の僕にとって、遠藤周作は「違いのわかる男」である。そのイメージしかなかった。もちろん「♪ダバダ〜」の『ネスカフェ・ゴールドブレンド』のCMだ（一九七二年）。

これで遠藤周作の名と「狐狸庵先生」というあだ名を覚えたが、コーヒーを無表情で飲む黒縁メガネをかけた非常に厳しそうな先生には、とてもじゃないが親しみは持てなかった。

その印象がまったく変わってしまったのは、親の本棚からこっそり失敬した『ボクは好奇心のかたまり』を読んでからだ。


本書は『小説新潮』に連載されたエッセイ『新・狐狸庵閑話』をまとめたもの。別項で取りあげている東海林さだおの『ショージ君』シリーズと同じく、本来はいわゆるオジサン向けエッセイだ。あちこちの変なところに行って変な人に会ったり、変なことを体験してくるというスタイルも、初期『ショージ君』に似ている。

もちろん小学生の読者などはまったく想定されていないのだが、このエッセイ集は一瞬で僕の好奇心をワシづかみにした。勉強の途中でパラパラと眺め、そのまま無我夢中で読んでしまったのを覚えている。たぶん、当時の小中学生でこれに夢中になったという子は多いはずだ。

なぜなら、これは秀逸な「オカルト本」なのである。エッセイ内で「近く東京にも封切られる『エクソシスト』という恐ろしい映画」の原作者、つまりウィリアム・ピーター・ブラッティとの会談にも触れられているが、この時期の「狐狸庵先生」は特にオカルト方面への好奇心が旺盛だったらしい。時代的にもオカルトブームの真っただなかに書かれたものが多く、こうしたタイプのエッセイ集としては珍しく、そっち系のネタがやけに多いのである。

といっても、あくまで物見遊山的な態度というか、かなり不謹慎（？）な姿勢でオカルトネタを扱っている。中岡俊哉などのマジメ（?）なオカルト本にしか触れていなかった子どもとしては、このあたりが非常に新鮮だった。

催眠術、霊媒師、座敷わらし、幽霊屋敷……。これらのテーマに半笑いで取材に臨み、そのトホホな結果をユーモラスに綴る。占いのたぐいをいっさい信じない「狐狸庵先生」が霊媒師の能力を実地検証するくだりなど、ほとんど面白半分にチャカしにいっているようなもので、読んでいるこちらがヒヤヒヤしてしまう。

しかし、そんなユルいエッセイ集のなかで、一種異様な雰囲気を湛えているのが『介良町の空飛ぶ円盤』。僕がこのエッセイ集を「すごいっ！」と思ったのも、これがあったからだ。

同世代には説明不要だが、一九七二年に起きたとされる「介良ＵＦＯ捕獲事件」を扱ったもの。高知県介良の子どもたちが小型の「ＵＦＯ」らしきものを捕獲したという事件で、当時、多くのテレビや児童書でも取りあげられた。「アホか！」と笑いだしたくなるような馬鹿馬鹿しさと、妙にリアルな不気味さが混在する事件で、当時から僕は大好きなエピソードだった。

本書を手に取ったときにはすでに何年も前の事件だったので、すっかり忘れていた。「懐かしいなぁ」と思って読みはじめて、あらためてこの事件特有の「変な感じ」に鳥肌が立った。

この件に関してだけは、なぜか「狐狸庵先生」も最後までいたってマジメ。それまで僕が読んだどんな関連記事よりも詳細に取材していて、その結果、「珍妙にして不可解」とだけ記して真偽の判断を保留している。

冒険と空想

子どもたちを
大人の本の世界へと誘った
絶品ショートショート集!

『きまぐれロボット』

星新一・著／和田誠・絵
理論社 1999年
（1966年に『気まぐれロボット』として理論社から刊行）

この本を初めて読んだのは小学校の四、五年のころだったと思う。学校図書館にあったハードカバーの児童書版を読んだのだと思うが、そのときは別にたいした印象を受けなかった。

星新一作品に本格的にお世話になったのは、小六から中一にかけて、つまり、そろそろ児童書を卒業して大人の本を読むようになるころだ。

　子どもはいつごろ、どのようにして児童書から大人の本へと移行するのか？……と考えてみると、僕らが思春期にさしかかった八〇年前後には、主に三つほどの道筋があったと思う。

　一番多かったのは、八〇年代初頭に中高生の間で一世を風靡した赤川次郎を踏み台にする、というパターン。このブームによって文庫本を教室に持ち込む子が急増した。『セーラー服と機関銃』『探偵物語』『晴れ、ときどき殺人』『いつか誰かが殺される』などなど、角川映画が矢継ぎ早に作品を映画化したこともあって、「とりあえず読んどかなきゃ」みたいな空気が周囲に蔓延していたのである。

　ちなみに、僕はどうしても赤川作品がダメだった。何冊かは読んでみたが、赤川次郎も、そのほかのジュニア向け推理小説も、なにがおもしろいのかサッパリわからず、周囲との価値観の落差に肩身の狭い思いをした記憶がある。

　もうひとつの王道パターンとしては、『朝日ソノラマ文庫』や『コバルト文庫』などのジュニア向けシリーズで文庫本を読むようになるコース。今でいうところのラノベだ。赤川次郎作品なども中心に据えられていたが、よりアニメ的というか、オタク的な展開をしていた。

　『ソノラマ文庫』は『機動戦士ガンダム』『地球《テラ》へ…』などのＳＦアニメのノベライズが人気。『コバルト』も初期は『宇宙戦艦ヤマト』などのＳＦノベライズをヒットさせていたが、新井素子や氷室冴子などの女性作家をプッシュしていて、女の子たちからの支持を得ていた。途中からラブコメ的な少女マンガ感全開の表紙ばかりになって、男子はかなり近づきにくいシリーズになっていたと思う。

こっちの方向にも僕は非常にウトくて、ほとんど縁がなかった。

三番目のパターンが、星新一などのSFショートショートで児童書を卒業していくコースだ。

小学生が初めて大人向けの文庫本を手にすると、ビッシリと並ぶ漢字だらけの小さな活字にやはり圧倒されてしまう。その点、星新一のショートショート集はページを開いたときの「スカスカ感」が子どもたちを安心させ、「これならなんとかなる！」と思わせるのだろう。

しかも、文章も内容も非常にシンプル。なのに適度にヒネリが効いていて、子どもたちに「大人の本を読んでる！」という快感をもたらしてくれる。大人の本の世界の入り口として、当時の星新一の役割は非常に大きかったと思う。

僕はかろうじてこのパターンに属していたが、どちらかというと小松左京のショートショートが好きだった。すっきりと枝葉を削った星新一のシンプルな作品より、エグ味があってちょっと怖い小松作品のほうが好みだったし、大好きだった『宇宙人のしゅくだい』の大人版を読んでいるような懐かしさもあったのだ。

僕の場合はSFショートショートを楽しんだ時期は非常に短くて、たぶん中学の一年間ほどで卒業してしまったが、ここに居残り続ける子たちはやがて筒井康隆方面に行くか、海外の本格SFへと流れていった。

COLUMN

学校図書館の『はだしのゲン』は〝究極のホラーマンガ〟だった……

僕ら世代の小学生時代、学校図書館に常備されていたマンガというと、ほんのわずかな学習マンガのシリーズをのぞけば、唯一の作品がこの『はだしのゲン』だった。現在ではなにやら語るのが非常にめんどくさい作品になってしまっているが、とにもかくにも当時の僕らがこぞって読んだ本なので、一応はここで扱っておく。

二〇一三年に大騒ぎになった「『はだしのゲン』撤去（というか閉架扱い）運動」については、基本的には「もう勝手にさらせ！」としか言いようがない。一応は「各学校の自由意志に任せる」ということで収束したようだが、それについても「勝手にさらせ！」だ。

こうした作品を「偏向的なプロパガンダ」だと主張する一定の人々が存在するのは理解できる。ある表現が偏向的であるか、偏向的でないかの判断は、それこそ時代の「空気」によってアッサリと変わってしまう。歴史に客観的事実などそもそも存在しない、というのは絶望的なことだけど、実際にそうらしいのだからしかたがない。

聞いてるだけでゲンナリと疲れてしまうのは、『はだしのゲン』を「偏向だ！」と叫ぶ人々の周辺で、これに緩やかに同調する連中の「良識的」なコメントである。「残酷！」な場面のオンパレードであるからして、「子どもたちの情操教育によろしくありません」という不思議な発想は、確固たるイデオロギーを持って本作を「焚書」したがる人々の主張より、むしろ理解しがたいし、絶望的に「不気味」だ。なにかがもうどうしようもなくなっているのかも……という気がしてくる。

なんにせよ、およそ戦争は人類のなせる最大レベルの残虐行為であって、具体的には人体破壊の集積だ。「大義」とやらがあろうとなかろうと、砕かれる大量の肉塊と、流される大量の血液は、ともかく砕かれ、流される。

もしも多少なりとも子どもたちに「戦争はいけませんよ」と教える意図があるのなら、

『はだしのゲン』全10巻

中沢啓治・著／汐文社1975年〜
同社愛蔵版、絵本版などのほか中公文庫版も刊行中

「トラウマとなるものはいっさい見せない」という、家中に殺菌スプレーを噴霧しつづける完全無菌無臭主義の「キレイ好きの奥さん」みたいな方針で、なにをどうできるというのだろう?

もちろん「戦争はいけませんよ」と子どもたちに教える意図などさらさらないというなら、それで結構。それこそ「勝手にさらせ!」である。

学校現場で、どうもイマイチ納得できなかった大量の「反戦文学」「反戦映画」をあてがわれ、「戦後民主主義」特有の不思議な圧迫感・抑圧感を帯びた「反戦教育」の感じに嫌気がさしていた当時の僕らが、それでも『はだしのゲン』を積極的に読んだのは、不謹慎だが、これが「超ド級」の「ホラーマンガ」だったからだ。

楳図かずおや日野日出志の恐怖マンガが女子文化のなかでブームになったとき、クラスの女の子たちが『はだしのゲン』はもっとヤバイ!」などと言いだした。僕自身、彼女たちの間で評判だった「皮膚がベロベロ!」(原爆投下直後のヒロシマの描写)を見たいがために、初めてこのマンガのページを開いたのだ。そのまま夢中で読みつづけてしまった。

そのときに初めて戦争というものにマトモに直面したような気がした。それまで触れた多くの「反戦文学」「反戦映画」にあった、なにか腑に落ちない感じ、息の詰まるような「教育的」な意図だけが突出して、肝心のことは隠されていて、ひたすらストイックに悲しく語ることしか許されていないような不自由さが全部ブッ飛んで、初めて戦争を具体的に「見た」気がしたのだ。

『はだしのゲン』は、戦争の残虐さや悲しさはもちろん、たいていは「罪のない一般市民」として抽象的に描かれる戦時下の人々の優しさや誠実さだけでなく、吐き気を催すような嫌ったらしさやズルさまでも容赦なく描く。なにもかも失った子どもたちが感じる恐ろしい絶望感とともに、戦時下ならではの不思議な解放感も描く。極限状態でもなぜか湧きあがってくる笑いと自由、焼け跡で生きた世代のエネルギッシュなバイタリティーと、彼らのヤバイくらいにアナーキーな生きる意志など、希望も絶望も丸ごと叩き込んでくる。「戦時」の空気感がそのまま熱風のようにページから押し寄せてくるようだ。そして、なにより「おもしろい！」。

「これならわかる！」と思った。なにを読んでも見ても、どうもよくわからなかった戦争というものが、初めて「本当に起こったこと」に思えたのである。

ユーモアと笑い

爆笑エッセイの名手が綴る赤裸々な「青春の醜態」

『ショージ君の青春記』

東海林さだお・著
文芸春秋（文春文庫）1980年
（現在は絶版）

小学校も高学年になると、いかにも児童書然とした本ではもの足らなくなってきて、親の本棚を物色し、おもしろそうな本をこっそり盗み読む……みたいなことをするようになる。

当然のごとく、読むにはまだまだ早すぎて「ぜんぜんおもしろくない！」と投げ出してしまうハズレもあって、たとえば「秘境の冒険ドキュメント」だと思って読んだ『女二人のニューギニア』（有吉佐和子）は、当時のベストセラーだったらしいが、小学生にはなにがおもしろいんだかさっぱりわからなかった（あたりまえだ）。

また、子ども向けの小説を読んで好きになった北杜夫の『どくとるマンボウ航海記』も、『船乗りクプクプの冒険』風の作品かと思ったら、子どもにはただのオッサンの独り言みたいでつまらなかった。

が、大人になってからも何度も読み返すことになるアタリの本にもたくさん出会っている。

そもそも北杜夫を読むようになったのも、親が角川文庫で持っていた『船乗りクプクプの冒険』を盗み読んだからだし、オカルトネタがたっぷり入った遠藤周作のエッセイ『ボクは好奇心のかたまり』も、母親の書棚からこっそり抜き取ったものだった。

で、僕にとって「盗み読みした親の本」のベストが、中一のときに手に取った東海林さだおのエッセイ集『ショージ君の青春記』だ。このときから今に至るまで、「ショージ君」シリーズは愛読しつづけている。

東海林さだおといえば、サラリーマンのトホホな日常を描くオッサン系マンガを代表するマンガ家であり、エッセイの名手としても知られているが、内容的にはオッサン向け週刊誌に掲載されるオッサン系エッセイばかりだ。そんなものを一三歳の子どもが読んでおもしろいのか？と思われるかもしれないが、とにかくめっぽうおもしろかったのである！

そもそも僕にエッセイの愉しみを最初に教えてくれたのがこの本で、初めて読んだときの「あっ!」という驚きは今も鮮烈に覚えている。それは「こんなことを考えている人がほかにもいるんだ!」という驚きだった。日常生活のなかで感じる「たわいのないこと」、あまりに「たわいのないこと」なので特に口に出すこともなく、自分でもすぐに忘れてしまうほのかな印象や感情を、彼のエッセイは逐一具体的に記述し、極めて詳細に、ユーモラスに、ときに非常に意地悪に、ときに哀感たっぷりに語ってみせる。

電車内のオバサンやサラリーマンの習性に対する驚くほど冷徹な観察眼とか、さつま揚げやちくわは朴訥で好感が持てるが、かまぼこを見ると「お前は板に頼らないとやっていけないのか!」としかりつけたくなる衝動とか、崎陽軒のシウマイは「なんだ、こんなもの」と馬鹿にしながら食べると「うまい」という感覚とか、「家族写真」というものはすべて目を背けたくなるほど「猥褻」だ!という主張とか……。

逐一あげていけばキリがないし、こんな要約ではおもしろさはまったく伝わらないが、彼のエッセイは子どもが読んでも「ああ、こういうヘンな感覚を抱く人って僕だけじゃないのか。大人もこんなことを思うのか」といった発見に満ちている。中学生時代の僕にとって、東海林さだおは「語られないことを語ってくれた大人」だったのだと思う。

特に初期(『まるかじり』シリーズ以前)の東海林さだおのエッセイは、それこそ内田百閒や向田邦子に匹敵する珠玉の作品ぞろいだが、なかでも『青春記』は特別だ。劣等感と不安、無意味な八つあたり的怒りなど、負の感情にとらわれがちな思春期・青春期を綴った自伝的エッセイだけに、「ショージ君」の筆致がほかの作品とは明らかに違う。ある種の凄味があるのだ。より鋭く、より冷徹で、より残酷な正確さで、過ぎ去りし日々の自分の感情と感覚を赤裸々によみがえらせる。まったく美化されない「青春の醜態」と、「ダメにもほどがある！」と言いたくなる恥ずかしい日常にすり減らされ、それでもわずかに残る希望や夢が、爆笑必須のユーモアと感動がない混ぜとなった形で再現される。

自分の若さゆえの無様さに容赦がなく、そのあまりの容赦のなさに読んでる方は爆笑するほかない。ある意味では、もっとも正統な私小説なのかもしれない。

そういえば、ロラン・バルトやらミシェル・フーコーなどをカッコつけて読み漁っていたころ、相変わらず愛読していた「ショージ君」シリーズは外へは持っていかず、家のなかだけでこっそり読んでいた。そんなときに文庫で刊行された『東京ブチブチ日記』を購入すると、なんとあとがきを書いているのは金井美恵子！　凡庸な作家や評論家をかたっぱしから馬鹿呼ばわりしていた彼女が、「ショージ君」の「名文」をベタ褒めしていた。

以降、僕はニューアカかぶれの友人たちの前でも平気で「ショージ君」を読めるようになったのである。

教科書掲載作品と課題図書

優しさゆえの受難……
不思議に印象に残る詩

『吉野弘詩集』
『夕焼け』

吉野 弘・著
角川春樹事務所（ハルキ文庫）1999年
（『夕焼け』は70～80年代にかけて中学２年生の国語の教科書に掲載されることが多かった）

小中高の国語の教科書には必ず数編の詩が掲載されていたはずなのだが、どうも記憶が非常におぼろげだ。当時の掲載作品リストを眺めてみても、ほとんど覚えていない。詩に魅了される感性を持ち合わせていなかったということもあるだろうし、そもそもマジメに授業を聞いていなかったということもあるのだろうが、なんとなく学校の授業では詩はないがしろにされていた、という印象もある。

どういう事情があるのか知らないが、国語の授業では先生が教科書の掲載作品を順番に教えていくのではなく、いくつかをピックアップして教材に使っていた。毎年、授業で取りあげるのは掲載作品の三分の二程度で、いっさい触れないまま終わる作品も多かった。なぜか詩は、取りあげられることが少なかったと思う。取りあげるにしても「箸休め」的で、朗読させたり感想文を書かせたりするだけで、一週間くらいで次の課題へ進んでいたような気がする。

小説や説明文のときは、ひとつの作品に飽きるほど長い時間をかけて教えていた。「まだこれをやるのかよ」みたいな感じだと作品の記憶も濃厚になるのだが、サッとかすめただけで終わる詩は、やはり記憶には残りにくい。

それでもいろいろ思い出してみると、「太郎を眠らせ、太郎の屋根に雪ふりつむ」という三好達治の『雪』は、確か小学生時代の教科書で初めて読んだのだと思う。なんだか生き埋めにされた子どもの詩みたいで怖かった。

怖いと言えば、江口榛一の『ここに手がある』も小四で習っている。内容はよく覚えていないのだが、『ここに手がある』というタイトルだけに反応して、友達と中岡俊哉の心霊写真を指差しながら「ここに手がある！　ここに手がある！」とふざけていたのを覚えている。

『ナワ飛びする少女』というのもあったな。これは中学生時代か。縄跳びをしている少女の肉体の躍動感を表現した詩だったと思うが、これも友達と「なんだか視点がイヤラシイな」とかなんとか失礼千万なことを言い合っていた。

それにしても、ろくな思い出がないなぁ。やっぱり僕には詩を語る資格はないのだろう。

が、一編だけはっきり覚えている教科書掲載の詩がある。なんとなく微妙に居心地の悪くなるような詩で、今も特に電車のなかで思い出すことが多い……といえば、もう同世代ならピンとくるだろう。吉野弘の『夕焼け』だ。

電車のなかで高齢者（という言葉はあまりに詩的じゃなけど）に二回席を譲った少女が、三回目は譲らなかった、という詩だ。立っている高齢者を目の前にして、ジッとうつむき、下唇を噛んで体を固くしていた少女は、美しい夕焼けにも目もくれず、どこまで行ったろう？……

「どこまで行ったろう？」って、それはたぶん目的の駅で降りたのだと思うのだが、このちょっとやっかいなシチュエーションというか、おそらく名づけようのない少女の感情、なにに抵抗しているのかわからないような抵抗は、一三かそこらの僕にはとても新鮮だった。

この詩を読んだときに湧きあがってくる感情はなんとも微妙だが、今の子どもたちは、僕ら世代とはまた微妙に違う印象を受け取るんじゃないのかなぁ、という気もしてしまう。

あのころはまったく想像もしていなかった超高齢化社会の現在、この詩の意味あいも、作者の意図しなかった方向へと少しずつズレているのではないか……なんてことを思うのだ。

自由と平和

「コペル君」の日常に学ぶ 在りし日の「戦後民主主義」

『君たちはどう生きるか』

吉野源三郎・著／脇田 和・絵
岩波書店 1982年

どうしてこの本を読んだのか、さっぱり覚えていない。六〇年代まではよく教科書にも載っていたらしいが、七〇年代に入ると掲載されることはほとんどなくなっていたようだ。

しかし、とにかく僕は中学生のときに岩波文庫でこれを読んだのである。現行の岩波文庫版の刊行が一九八二年なので、新刊として出たときに読んだのかなぁという気もする。

いずれにしろ誰かに「読め」と言われなければ手を出さない本なので、そう考えてみると、好きだった塾の先生に勧められたような気もするが、そのあたりはまったく記憶にない。

初めて読んだときは「あたりまえのお説教」がたくさん書いてある、といった程度の印象しか受けなかったが、つまらなくはなかった。とにかく文章も挿絵も、描かれる子どもたちの日常生活も強烈に古臭くて、そのレトロ感がすごくおもしろかったのだ。特に随所に挿入される挿絵に独特の味わいがあって、「ああ、いいなぁ」と思いながら読んだ記憶がある。

読んだのはそれっきり。後に著者の吉野源三郎が岩波書店の『世界』の初代編集長であり、岩波の象徴的存在であることを知ったが、特にほかの著作を読んでみようとは思わなかった。

本書が「戦後民主主義のバイブル」であったことは多くの人が語っているが、確かにこの小説、というか、小説スタイルで書かれた「啓蒙書」は、ちょっと恥じらんでしまうほどに「これぞ戦後民主主義!」である。

僕が読んだときにはすでに半世紀を経過した「古典」だったが、戦後教育の基調となった一冊として、僕らの時代の学校教育や子ども文化にもまだ多大な影響を与えていたのだと思う。

で、あらためて驚いてしまうのは、この「戦後民主主義のバイブル」が戦前に書かれていることだ。「焼け跡世代」が憎々しく語る「軍国少年を量産していた大人たちが、こぞって民主主義を語りだしやがった」という、あの敗戦直後の価値転換期ならばともかく、刊行は南京事件が起こった一九三七年。国をあげて戦争へ猪突猛進する時期に、これほどまでに戦後の空気を体現する本を出したのは、やはり本当にスゴい。まるで「未来人」が書いた本のようだ。

今また読みなおしてみると、子ども時代に読んだときには感じなかった部分に、強烈な懐かしさを感じてしまう。銀座のデパートの雰囲気や、その屋上から眺める東京の光景、さらには場末の商店街の描写などにも「うわー、懐かしい！」と感激する。また、同級生の「貧しき友」が描かれるシーンでは、「そうそう、こういう感じってあったよねぇ」とうれしくなった。子どもの目にも貧富の差が露骨に見えていた小学生時代の記憶のアレコレがよみがえってきて、ああ、そういえば「ビンボー」なんていうモロなあだ名で呼ばれていた子がクラスにもいたなぁ、なんてことを思い出すのだ。

こうした部分は、中学生のときにはまったく懐かしいとは思わなかった。懐かしくなかったのは、そうした東京の風景や、子どもの世界のあり方が、八〇年前後はまだかろうじて身近に現存していたということだろう。

そして、ちょっと「あれ？」と戸惑ってしまうのは、この本の根幹部分、コンセプトそのものにも強烈な懐かしさを感じてしまうこと。

この作品に通底する理念と理想は、小中学生時代の僕らにはおなじみのものだった。僕らが子ども時代に親や先生や教育的メディアから叩き込まれた価値観、聞き飽きた「あたりまえのお説教」は、すでに本作に集約されている。

思えば、小学生時代に道徳の時間に見せられた教育テレビのドラマ（『みんななかよし』とか『明るいなかま』とか）などは、どれも『君たちはどう生きるか』をそのままドラマ化したようなエピソードばかりだった。だからこそ、『君たちはどう生きるか』を読んだ中学生の僕は、「あたりまえのお説教」がたくさん書いてあると感じたのだろう。「ああ、またこういう話かよ」としか思わなかったのである。

ところが、今は「あたりまえ」な感じがまるでしない。ひどく懐かしい。「そうそう、あのころの時代の空気ってこうだったよねぇ」と、とつくの昔に卒業した小学校の教室の匂いを嗅いだような気分になってしまう。

この本そのものが懐かしくなってしまったというのは、この本が提示する理念と理想が時代から失われつつあるということだろう。

あたりまえだ、八〇年も前の本だゾ、というならそれまでだが、本書の根幹にある理念と理想は、僕ら世代には馬鹿馬鹿しいほどに「あたりまえ」のものだ。馬鹿馬鹿しいほど「あたりまえ」というのは、つまり「普遍的原則」ということで、時代が変われば「懐かしいもの」になるのは当然と、タカをくくって済ますわけにはいかないはずのものだろう、少なくとも「民主主義」とやらに信を置くのであれば、だが。

それを「懐かしい」と感じる今の自分はどうかしている！……と思うのである。

自由と平和

読み継がれるベストセラー
70年代「反戦児童文学」の代表作

『ガラスのうさぎ』

高木敏子・著／武部本一郎・絵
金の星社 1977年
（自費出版『私の戦争体験』を加筆・改題して刊行された。
80年には100万部突破のベストセラーに）

この『ガラスのうさぎ』は確か小六のときの課題図書で、夏休みの宿題の感想文を書かされた。僕が当時持っていた本も、表紙にあの「青少年読書感想文全国コンクール」のマーク（牧神をデザインした不気味なデザイン）が輝いていたのを覚えている。……が、調べてみると、これは一九七八年の中学生の部の対象書籍。七八年といえば僕は五年生なので対象外だ。

だったら、どうして読んだのかな?……というのが、いくら考えてみても思い出せない。僕が個人的に読んだわけではなくて、確かにクラスのみんなもこれで感想文を書いていたので、授業で『ガラスのうさぎ』を読みましょう、というような指導が行われたのかもしれない。

また、七九年には映画化もされている。内容の記憶はないが、ポスターには見覚えがあるので(後に浅沼友紀子としてアイドルになる蝦名由紀子が主演していた)、公開のタイミングで学校の「映画鑑賞会」が開催されたのかもしれない。その後で原作も読んで感想文を書け、という指示が出たなのかなぁ、とも思う。

いずれにしても、この本は当時の小中学生にとっては、いわゆる「反戦児童文学」を代表する一冊だ。ほとんどの子が読んでいたか、少なくとも読んだフリをしていた作品だった。


読み返してみると、著者の子ども時代の実体験に基づいた作風は、完全に子ども視点に徹したリアルな戦争ドキュメンタリーという感じで、やはり読み進めるのがツラくなるほどの臨場感に満ちている。年端の行かぬ少女に次々と追い打ちをかける過酷な現実は、読んでいる僕らの精神も徹底的に疲弊させ、「もうこのへんで勘弁してあげてくださいっ!」などと、誰に懇願しているのかわからない懇願をしながらページをめくることになる。

唯一の救いは、少女が極限状態で出会う大人たちが、みんな優しくて、親切な心の持ち主ばかりだったということ。「ああ、よかったねぇ」と目を細めてしまう。野坂昭如の『火垂るの墓』みたいな展開にならなくて、とにもかくにも本当によかったと思う。

ただ、子どものころに読んだときは、さして強い印象を受けなかった。いや、あの「敏子」のお父さんが機銃で殺されるシーンなどは痛みとして心に焼きついたが、正直、作品全体の印象としては「またこういう話か……」だった。

ひどい感想だが、当時の僕らは、あまりにも「こういう話」をあてがわれすぎていた。もう「こういう話」に慣れきってしまっていたのだ。「無辜の人々」が戦争に直面し、打ちのめされて、悲しくて、苦しくて、絶望して、それでも耐え忍んで、明日を信じてがんばりました。彼らのことを忘れてはいけません。今の平和に感謝し、いつまでも大切にしましょう……。

僕らが学校教育で触れた大量の「反戦文学」や「反戦映画」は、ほとんどすべてがこのトーンだった。これ自体は至極マットウで重要なメッセージだ。しかし、常に「これだけ」なのだ。大人たちは「戦争について考えろ」と繰り返し唱えていたが、考える際に与えられる素材はいつも「これだけ」。個々の「これ」は重要だし、この『ガラスのうさぎ』も戦争を記録した文学作品として貴重だが、「これだけ」となると喚起されるのは「考え」ではなく、ただの「気分」である。大人たちの「戦争について考えろ」は、最初から強制的に「犠牲者への哀悼」とか「平和への祈りと感謝」といった、なにか当たり障りのない「気分」だけを子どもたちに喚起するように設定されていたと思う。

「気分」だけで平和が実現できるのであれば、「祈り」だけで戦争が回避できるのであれば、戦争とは天罰のようなものか、人知の及ばぬ理屈で人類に災いをもたらす太古の邪神のようなものだろう。いわば『ゴジラ』だ。

子どもとしては、『ゴジラ』がどこから来るのか、なぜ来るのか、どうすれば倒せるのかを教えてほしいのである。そこはなぜか曖昧になっているのが、当時はどうにも納得できなかった。想いを馳せていいのは、『ゴジラ』に焼かれた焦土の犠牲者と、残された人々の苦難についてだけ。あのころの「戦争について考えろ」は、「戦争については考えるな」と言っているのと同じだったと思う。

なにもかもを学校で教えられるわけではない、というのは当然である。そりゃそうだろう。ただ僕らは、あのころの学校現場における「戦後民主主義」的な「反戦教育」には、結局のところ本気の「反戦」の気概はなく、ただ「気分」だけがあったんだなぁ……と虚しく思うだけだ。

……というのはもちろん八つ当たりで、あのころ「戦争を語り継ぐ！」と繰り返していた大人たちが、「気分」と「祈り」ではないものまでをも語り継ぐ方法を発見していれば、今がこんなふうにはなっていなかったんじゃないかなぁ？……という二一世紀の「未来人」から「昭和人」への無責任でズルいダメ出しなのである。

自由と平和

差別、貧困、将来への不安……
苦難のなかで輝く少女の希望

『キューポラのある街』

早船ちよ・著／鈴木義治・絵
理論社（フォア文庫）1980年
（1961年に弥生書房より刊行。その後、理論社、講談社、フォア文庫などから刊行された）

僕にとって吉永小百合は謎の女優だった。子どものころから「サユリスト」という奇妙な言葉を耳にしていたし、彼女を「女神」のように崇拝している大人たちがたくさんいるらしいことは知っていたが、それがどうにも不思議だったのだ。彼女のどこがそんなに特別なのか、サッパリわからなかったのである。

　役者という範疇を遥かに超えて「信仰」される人という意味では、僕らの世代でいえばブルース・リーのような存在らしいのだが、しかし、リー師匠ほどの唯一無二の魅力が彼女にあるのだろうか？　ヌンチャクも回し蹴りもできそうにないし、吉永小百合とブルース・リーが戦えば間違いなく一瞬で勝負はついてしまうだろう。


「吉永小百合がわからない」は大人になってからも変わらず、それなりにアレコレの古い映画を見るようになって以降も、やっぱり「わからない」。六〇年代なかごろまでは通用していたらしい類型的な「清純な少女」のまま齢を重ね、しかも終始「いい映画しか出ない」みたいな頑ななポリシーがあり、主演作品の多くはどれも「文科省推薦」の「文芸大作」みたいなものばかり。

　そのうえ作品外でも圧倒的に「正しいこと」しか言わない。「なんだかなぁ」と思うのである。映画とか女優とかって、そういうものなのだろうか？


　ところが、彼女が「神格化」されるきっかけとなった『キューポラのある街』（一九六二年）を数年前に見て、「ああ、こういうことなのか」と初めて納得してしまった。これを未見のまま「吉永小百合はブルース・リーより弱いじゃないか！」とか言っていたこと自体が問題だったと反省した。

　本作は少女期の吉永小百合の最良の時期に与えられた最良の題材で、しかも最良のタイミングで公開された作品なのだと思う。日活らしい泥臭さのある「社会派青春映画」(?)という枠組みが、あの年齢の吉永小百合の魅力をまるごと引き出していて、彼女は「青春のエネルギー」としか呼びようない野蛮なほど動物的な活力ではちきれそうなほどイキイキしている。

そして、若者たちによる新たな「戦後民主主義」的価値観と美徳を高らかに宣言するあいう作品が高揚感を持って迎えられたのが、一九六二年という時代だったのだろう。

あのときにティーンエージャーでこれを見れば、そりゃあ誰だって吉永小百合の魅力に一発でヤラれてしまうんだろうなぁ、と思った次第。

映画は見ていなかったが、『キューポラのある街』の原作は中一のときに読んでいる。

どういうわけか、母がデパートで「フォア文庫」の上下巻を買ってきて、「これ読んでごらん」となかば強制的に読まされたのだ。

どうして急にあの本を読ませようとしたのか、今考えてもどうもわからないのだが、そろそろ思春期に達するタイミングだから、という意図でもあったのだろうか。

その内容は、中学生の僕には把握しきれず、漠然としかわからなかった。差別について、労働について、親世代との対立について、豊かさについて、貧しさについて、そして国家というものについて……。

それらは、やはり当時の僕には「遠く」で霞んで見えるなにかだった。

しかし、いわゆる「戦後民主主義」的な児童文学の多くに触れたときに僕ら世代が反射的に感じるような、「またこういう話か」という拒否感はなかった。こうしたテーマが、かなりキワドい青春物語の細部に密接にリンクしていたからなのだと思う。つまり、「お説教」くささがなかったのだ。というより、ヘラヘラと平和な中学生時代を送っていた自分としては、ここに描かれる荒んだ貧しい街での、リアルな少年少女たちの生態に驚愕したのである。遊び半分で犯罪スレスレの行為に及ぶ不良少年たちに、パチンコ屋でバイトする少女たち、醜態を晒す母親に、飲んだくれの父親。

思えば、やはり非常に日活青春映画的である。この一〇年後には藤田敏八が日活で極めて七〇年代的な青春映画の数々を撮り、高校時代の僕はそれらの作品に夢中になった。『八月の濡れた砂』や『一八歳、海へ』の若者たちはあらかじめ絶望していて、すべての夢や希望をあざ笑い、宿命のように破滅していくが、六〇年代の少女である『キューポラのある街』の「ジュン」は、なにがあっても夢と希望を失わない。

初めて読んだときに強烈に覚えているのは、「ジュン」が不良に無理やりキスされて、「ばかやろう！」とペッとツバを吐く場面や、初潮を体験し、その生ぐさい血の匂いをかぎながら激情に駆られ、「わたしだって、おとななのよ。あはははは、あはははは」と高笑いする場面だ。

なんでこんな本を母は買ってきたんだろう？とドギマギし、読み終わった後もなんだか気まずくて、親に感想などを伝えることはしなかったと思う。母も「どうだった？」といったことは聞かなかった。

自由と平和

凄惨な沖縄戦の記憶
終戦後も続いていた戦争の物語

『太陽の子』

灰谷健次郎・著／田畑精一・絵
理論社（フォア文庫）1996年
（1978年に理論社から刊行。現在は角川文庫版が刊行中）

また映画の話が続いてしまうが、この作品は原作を読むより先に映画を見た。例によって学校の「反戦映画鑑賞会」で見せられたのだ。偶然だが、映画『太陽の子てだのふあ』の監督も、前項で取り上げた『キューポラのある街』を撮った浦山桐郎である。

僕らは、学校で強制的に大量の「反戦文学」と「反戦映画」を浴びせられつづけた非常に特殊な世代、ということになるのだと思う。

前後の世代の状況は実感としては把握できないし、一九五〇年代にも八〇年代以降も「反戦教育」運動の高まりがあって、それは現在もそれなりに継続しているとは思うが、いわゆる「平和教育体制」が全国的に整備されたのは七〇年代なかばあたりだ。この時期に「反戦教育」教材が大量に開発されている。こうした動きの最盛期に、僕らは小中学生時代を過ごした。

なので、以降の世代から見れば僕らの時代の学校教育はまさに極端な「洗脳教育」に見えるだろうし、また昨今では学校で反戦映画を見せると親からクレームが来るといったニュースを聞けば、僕らとしては「変われば変わるものだ」と、浦島太郎のような気分になってしまう。

今流の言い方をすれば僕たちは「左派偏向教育」の「犠牲者」であって、実際、当時には当時ならではの、なにやらものすごく息苦しい「圧倒的な正しさ」の抑圧は確かにあった。頭を押さえつけられつづけたあげく、その極端な反動なのか、今では「向こう岸」に行ってしまった同世代たちも多いのは「世論」が示すとおりであるからして、まぁ、なにがなんだかわからなくなっているのが昨今だ。

というわけで、あのころの「反戦文学」や「反戦映画」に触れようとすると、僕らはただ「あでもないし、こうでもないし」をひたすら繰り返すことになってしまう。

映画『太陽の子』は、大量に見せられた「反戦映画」のなかでは、なぜか妙に印象に残っている。決してデキのいい映画ではないのだが（どういうわけかデキのいい「反戦映画」は絶対に学校で開催される映画鑑賞会の対象作品にはならないのだ！）、印象的なシーンも多い。

河原崎長一郎演じる「お父さん」が女学校から聞こえてくる合唱を聞き、沖縄戦を思い出して混乱する冒頭の不穏さは怖かったし、あまりに救いのない後半の展開は、やはり「感動しました」や「泣きました」ではチャラにはできない感情が、生意気盛りの中学生の胸にも残った。

しかし、映画の魅力に大きく貢献しているのは、主人公「ふうちゃん」を演じる原田晴美である。この種の映画に登場する子どもは、なかなか本当の同世代の子どもの共感を得られないものだが、鑑賞後、クラスメートたちが「あの子、いいよな」と言っていたのを覚えている。

特に当時の僕らにウケたのは、「ふうちゃん」がコソ泥を働いた「キヨシ」を「泥棒！」と罵って二発のケリを喰らわせるシーン。上体をまったく動かさない美しいフォームで、目にもとまらぬ速さのサイドキックを炸裂させるのである。僕らは「あの子、絶対にブルース・リー映画を見てるよな」と語りあった。

なんてことを書いていたら、原作に触れる余白がなくなってしまった。

「酒鬼薔薇事件」のとき、新潮社の報道姿勢に抗議する形で灰谷健次郎は本作を同社から引き上げ、絶版となってしまったのを覚えている人も多いだろう。現在は角川文庫などで読むことができる。

詩情を湛えて描かれる
空襲に散った小さな命……

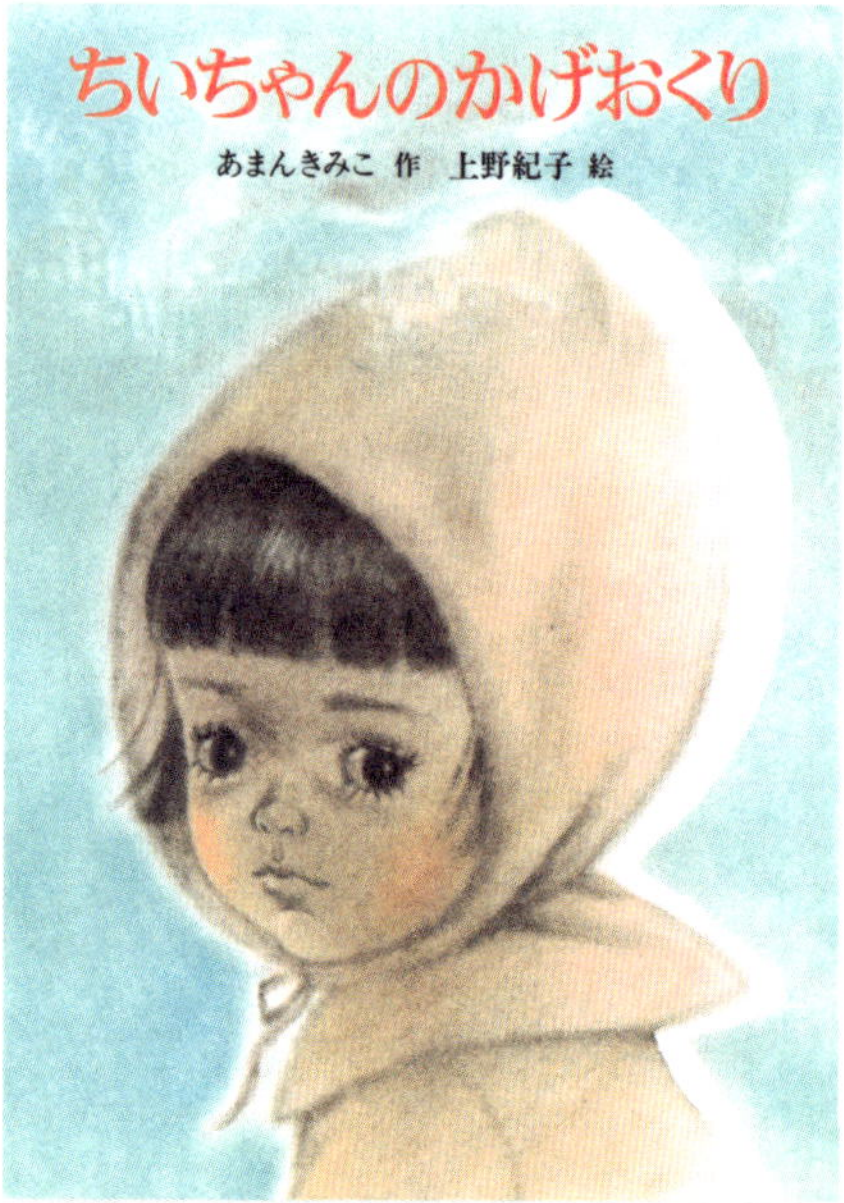

『ちいちゃんのかげおくり』

あまんきみこ・著／上野紀子・絵
あかね書房 1982年

『ちいちゃんのかげおくり』が刊行されたとき、僕はもう絵本を読む歳ではなかった。初めて読んだのは大人になってからだ。本来なら本書で語るべき作品ではないのだが、どうしても前から不思議に思っていたことがあるので、一応、書いておきたい。

僕よりひとまわり下の世代には、トラウマになるほど痛々しい戦争悲劇の絵本として知られる本作だが、ここで考えたいのは太平洋戦争のことではなく、お菓子のことである。

森永製菓が販売していた「チョコベー」という商品を覚えているだろうか？　僕ら世代ならかなり強烈に記憶に刻まれていると思う。とにかくCMが印象だったのだ。

どこか田舎町の校庭に、坊主頭&ランニングシャツ姿の少年が立っている。物陰からこっそりと彼の姿を眺めているおかっぱの少女。少年も少女も、周囲の風景も、なんだか昭和三〇年代風で、当時にしてすごくレトロな感じだった。

少年は独り言をつぶやく。

「自分の影をジッと見つめて、パッと空を見る」

言葉通り、自分の影を眺めていた少年は、顔を上げて空を仰ぐ。するとドンドコドンドコという不気味な太鼓のBGMとともに、少年の影がグングン伸びて大きくなり、まるで巨人のシルエットのようになって空に映し出される。その影が「チョコベー」の商品キャラクターに変化し、「チョ〜〜コベ〜〜〜」という低い男性の声が響き渡る……というCMだった。

見ていない人にはなにがなんだかわからないと思うが、いや、見ていた当時の僕らにもなにがなんだかわからなかった。シュールというか、不可解でちょっと怖いCMだったのだ。

これを見た子どもたちは、みんなこのCMの影遊びをマネした。カンカン照りの真夏の日など、地面にクッキリ映る自分の影をしばらく見つめてから空に目を移すと、巨大な影が浮かんで見える。目に焼きついた影の残像が、巨大化されて空に映るわけだ。

ある程度のコツがあるらしく、実は僕は一度も成功したことがない。が、友人たちの多くは体育の時間などによく校庭でこれをやって、「あ！　見えた、見えた！」とはしゃいでいた。

この「チョコベー」の影遊びが、『ちぃちゃんのかげおくり』で語られる「かげおくり」である。この絵本を初めて読んだとき、僕は積年の謎が解けたような気がして、あの「チョコベー」の変なＣＭの変な遊びは、この本が元ネタだったのか！　と、一瞬スッキリしたのだ。

しかし、もちろん違う。冒頭に記した通り本の刊行は八二年、「チョコベー」の発売はその一〇年前の七二年である。「チョコベー」の方が先なのだ。では、あまんきみこが「チョコベー」にインスパイアされたのか？　ということになるが、そういうことでもないらしい。

この影遊びは、かなり昔から子どもたちの伝統的な遊戯として存在していたようで、あまんきみこも幼少期によくこうして遊んでいたという。ただ、この遊びには名前がなく、絵本を書くときに「かげおくり」と名づけたのだそうだ。

しかし、なんだかどうも不思議なのである。僕ら世代の間では、「チョコベー」のＣＭはいまだに「意味不明なＣＭ」として語り継がれ、ネットなどでも「なんだか怖かった」と話題になっている。これほど印象的なのは、あのＣＭに、なにか言葉にできない漠然とした不安感みたいなものがあったからだと思うのだ。

あの坊主頭の少年とおかっぱの少女は、昭和三〇年代風なのではなくて、もしかしたら戦時中の子どもなのかもしれない……なんてこじつけじみたことも考えたくなってしまうし、単に懐かしい遊びをテーマにした企画なら、どうして空に巨大な影が浮かびあがる場面に、あんな不穏なＢＧＭをつけたのだろう？

そのあたりに、「チョコベー」と『ちいちゃんのかげおくり』の不思議な感覚の一致みたいなものを感じてしまうのである。

まったくの推測だが、この昔からあったという「かげおくり」は、もしかしたら当初からちょっと「不吉な遊び」だったのではないだろうか？

これをやる子どもたちは、空に映る巨大な影を目にしてしまうとき、なにか漠然とした恐怖というか、出会ってはいけないものと出会ったような、そういうほのかな不安を感じるのではないか？　そのドキリとする感覚を楽しむこともひっくるめた遊びだったのでは？……という気もするのである。

お前はこの悲壮な反戦絵本について、お菓子のＣＭの思い出しか語ることがないのか！　と怒られそうだが、いや、この絵本のあまりにも悲惨で救いのない展開の根底にある不思議な「詩情」と、あのＣＭの「不吉さ」は、やはり似ていると思う。それは「かげおくり」という遊戯、あるいは儀式によって、普段は見えない「彼方」が見えてしまう……といったような、なにかそんなところに秘密があると思うのだが、どうもうまく言葉にできない。

教科書掲載作品と課題図書

地球は丸い？ 丸くない？ 記憶に残る科学随筆

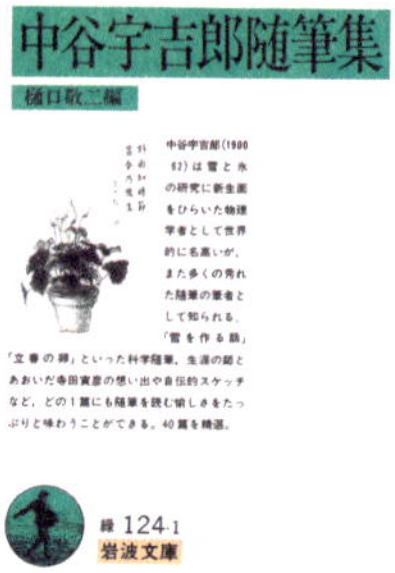

『中谷宇吉郎随筆集』『地球の円い話』

中谷宇吉郎・著
岩波書店（岩波文庫）1988年
70〜80年代にかけて高校の教科書に掲載されることが多かった。「ラスコー壁画の洞窟」もこの人の作品

なにかをややこしく考えすぎて失敗する……みたいなことは誰にでもあると思うが、特に原稿を書くなんてことを商売にしていると、ときおり文意の正確さみたいなことが妙に気になって、「ああでもないし、こうでもないし、ああでもあるし、こうでもある」みたいな文章を延々と連ねてしまうことがある。

主に体調が悪いときにそうなるような気がするが、後で読み返すと長いだけで中身はカラッポ、結局なにも言ってないような原稿になっている。「これはこう！」と断言すれば一行で済むことに、なんでこんなにこだわってたんだろう？ と自分でもあきれてしまったりするのだ。

そういうとき、必ず思い出す文章がある。高校の現国の教科書に載っていた『地球の円い話』という随筆だ。多くの教科書に掲載されたらしいので、覚えている人も多いと思う。

「地球は丸い」ということは小さな子どもでも知っているが、ちょっと科学を勉強して知恵が

ついてくると、「いや、厳密に言えば地球は正確な球体ではない」みたいなことを言いだすヤツがいる。「赤道上の直径より、南北の直径の方がわずかに短い。だから正確には楕円だ」とか、「高い山もあれば深い海溝もある。凸凹したいびつな円なのだ」というわけだ。

しかし、筆者は「これは間違い」だと指摘する。誤差はあくまでわずかであり、人間がコンパスを使って正確に描く丸の、その鉛筆の細い線の範囲内におさまるほどの誤差しかない。つまり、やはり「地球は丸い」としか言えない。

知識をふりかざすヤツより、小さな子どもの言うことのほうが現実的なのだ。正確さを追い求めるあまり、誤った結論に達してしまうことはよくあるものだ……というような内容だった。

当時、それを読んでなんだか妙に感心してしまい、大人になってからもことあるごとに思い出す。しかし、なぜか長らく僕はその随筆の作者を小松左京だと思い込んでいた。どこかで記憶が混線していたらしい。

数年前、オカルト関係の本を書いていて、明治末期に御船千鶴子などの登場で起こった「千里眼騒動」について調べる必要があった。映画『リング』の元ネタになった「透視能力者」をめぐる一大騒動だ。寺田寅彦に師事した中谷宇吉郎は、物理学者の立場からのこの騒動を総括する随筆を書いている。で、『中谷宇吉郎随筆集』を読んでいたのだが、そこで思いがけず『地球の円い話』に再会した。

顔は覚えているのに名前を忘れていた懐かしい友人に、バッタリと出会ってしまったような気分になった。

「悪い大人」としての国民的作家・漱石

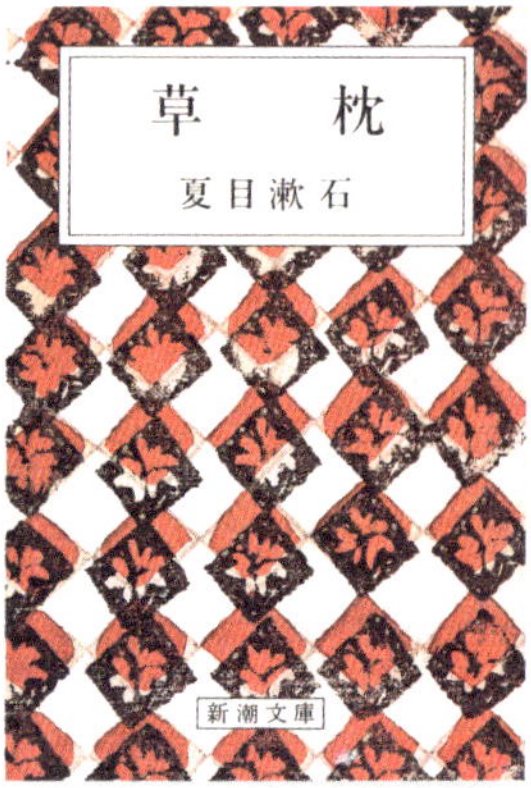

『草枕』

夏目漱石・著
新潮社（新潮文庫）1950年
（1906年に『新小説』に発表。1914年に春陽堂から単行本が刊行）

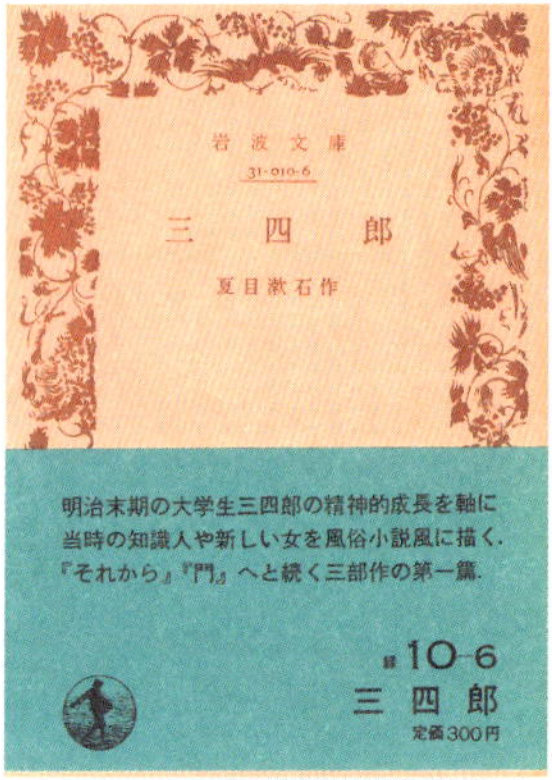

『三四郎』

夏目漱石・著
岩波書店（岩波文庫）1938年
（1908年に朝日新聞に連載開始。翌年、春陽堂から単行本が刊行）

中学生になって以降の読書の話は、なんだかあんまり楽しくない。子どものころに読んだ懐かしい本の話題のようにアハハ！と笑ったり、「読んだ、読んだ！」と盛り上がることはもうできなくて、そうそうウカツには話せないというか、ヘタを打てばなにかが赤裸々にバレてしまうような緊迫感が出てくる。話すのも恥ずかしいし、人の話を聞くのも恥ずかしい。

いい歳をしてから自分で選んで読んだしまった本というのは、なにかしら現在の自分をミもフタもなく示しているような気がして、それを晒す際にはどうしても相手を選ぶ必要があるということだろう。だから人はそう簡単には自分の「愛読書」を明かさないし、好きでもない本を「好き」だと語り、「愛読書」などなくても「ない」とは言わない。つまり、大人の本の話というのはたいていは「嘘」なのだ。

八〇年代に思春期を過ごした僕らの世代だと、たとえば高校の新入学時の自己紹介で「赤川次郎で読書の楽しさを知って、今は村上春樹が大好きです！」などと言おうものなら、即座にクラス中から「馬鹿」の烙印を押された。かといって、「大江健三郎と中上健次を愛読しています」など言えば、「ああ、そういう名前を出しとけば安心だと思ってるタイプね」と判定されて、やはり「馬鹿」の烙印を押された。さらには「浅田彰とミシェル・フーコーが……」といった方向で攻めていくと、これは「もっとも低俗な馬鹿」の烙印を押されて再起不能になる。

とかくに人の世は住みにくい……。

中学生になって「大人の本」を読むようになったころ、僕もご多分に漏れず太宰治などを読んで「すごいなぁ」などと思っていた。で、「無頼派」とか「デカダン」みたいなレッテルが貼られている作家の本ばかりを文庫の棚から探して読んで、坂口安吾などを発見してうれしがっていたのである。

昭和の男の子たちはよく「ライオンとトラが戦ったらどっちが強いか?」みたいな話をしていたが、当時の僕は「坂口安吾は太宰治よりもずっと強い」と思っていた(今も思っている)。新しい作家を発見することは、アレコレの『怪獣図鑑』から、より強い未知の怪獣を発見するようなものだったのだと思う。

「強い」というのは「悪い」ということだ。つまりは大人たちが推奨しない、つまりは教科書には絶対に載らないような作家(太宰は教科書に載ってたから「弱い」)を求めていたわけで、これはだいたい当時の読書好きの男の子たちで、SFなどのジャンルに特化していない、いわゆる「純文学」を漁っていた連中はみんなそんな感じだったような気がする。

周囲の大人たちが教えてくれない、本当に「悪いなぁ!」とビックリできるコトを教えてくれる誰かを競って探していたのだと思う。

それであるときに、誰だか忘れたが、友達から電話がかかってきた。僕はたまたまその電話を親の部屋でとって、しばらく話していた。

電話台の横に、たまたま親が読みかけていたらしい「新潮文庫」版の漱石の『草枕』が置いてある。しゃべりながらペラペラとページをめくって読んでみた。「なにか妙なことが書いてある」という感覚があって、適当なことを言って電話を切り、そのまま読み耽った。

漱石といえば教科書の常連であり、国民的作家だ。そんなものに読む価値はないと無邪気に信じていたのだが、『草枕』は「うわぁ、悪いなぁ!」と呆れてしまう本だった。

それからしばらく漱石ばかり読んでいた。教科書で抜粋だけを読んでいた『吾輩は猫である』も『坊っちゃん』も、ちゃんと読んでみると「悪いなぁ！」だった。『虞美人草』だけは好きになれなかったが、『三四郎』までは全部「悪いなぁ！」で、特に『三四郎』は、今も日本語で書かれた小説のなかでは一番好きなのかもしれない……と白状してしまうほど「好き」だ。

漱石の魅力は「幽霊っぽさ」と「落語っぽさ」と、タイムマシンでやって来た「未来人っぽさ」にあると思うのだが、この三者の魅力が全開になっているのが『三四郎』で、なぜか『それから』以降の作品はどれも僕にはつまらなかった。幽霊の気配も、痛快な落語家の口調も、すでに「世界の終わり」を見てきた人の絶望的な詩情もすっかり影をひそめて、なんだか「ただの文化人」の新聞連載小説としか思えなかった。このあたりが僕にはよくわからない。

とにかく『草枕』を読んだときから僕は「漱石が一番強い！」と確信して、それは「最凶の怪獣」を『怪獣図鑑』ではなく教科書のなかに発見してしまったような衝撃だったのだ。

漱石を読まなかったら、内田百閒もジェーン・オースティンも読んでいないかもしれないし、蓮實重彦の本にも手を出さなかったかもしれないし……と考えると、それ以降の僕の読書をすっかり変えてしまった作家だったのだと思う。

そして、漱石以降に僕が読んだ本の話は、少しも思い出話にはならないし、書いたところでおもしろくもなんともないのである。

COLUMN

「悪い本」〜青春の「恥ずかしい読書」について

前項の漱石のところで「中学生以降の読書の話はつまらない」と書いたけれど、書物のなかには非常に「ヤバイもの」や「危険なもの」があるらしいということを知る思春期に、「悪いなぁ!」と思えるものを真摯に探し求めてジタバタしていた日々は、ふり返ってみれば恥ずかしいし、カワイイし、おもしろい。

というわけで、当時の僕らを魅了した、いや、ぜんぜん魅了されなかったけど必死で読んだものも含めて、各種「悪い本」を思い出してみる。

「悪い本」を夢見るという感覚の前提となっていたのは、まずは僕らの世代を直撃した七〇年代の「オカルトブーム」だったのだと思う。で、この方面からたどっていくと、たいていの子は中高生になるとさすがに中岡俊哉というわけにもいかないので、どうしても澁澤龍彦ということになる。で、そこから先はまた無数に分岐していくのだけど、うっかり澁澤経由で「富士見ロマン文庫」の『ジュリエット物語』(『悪徳の栄え』)に手を出してドギモを抜かれたりするパターンは多かった。

サドからアポリネールなどのフランス異端文学へという道筋も定型コースだが、なかには単に「富士見ロマン文庫」のコレクションをはじめてしまうやっかいな子もいたと思う。

一方で澁澤から神秘主義方面へ、というパターンもあって、これで思い出すのは当時の書店で目立ちまくっていたアレイスター・クロウリーの『法の書』。国書刊行会らしからぬダサい表紙の「悪魔の福音書」で、これを読んでしまうと世界が終わるとかなんとか言われていた（九カ月後に「災害、大戦争、天変地異」が起こる！）。帯には「開封は貴方の意志におまかせします」とあり、なかのページは袋とじになっていて、「なにが起ころうとも小社はいっさいの責任を負いかねます」などと書かれている。僕は途中で投げ出してしまったが、友達は読了した。「なにか災厄があった？」と聞いたら「飼っていたイヌが急に下痢をした」と言っていた。

『ジュリエット物語
あるいは悪徳の栄え』
マルキ・ド・サド・著／澁澤龍彦・訳
富士見書房（富士見ロマン文庫）1985年
1959年、「表現の自由」論争を巻き起こしたサド文学の代表作

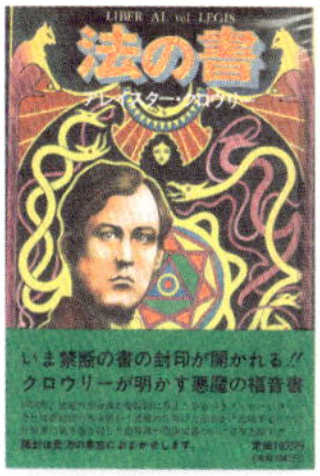

『法の書』
アレイスター・クロウリー・著／島弘之、植松靖夫・訳
国書刊行会1984年
「魔術師」クロウリーが地球外生命体から授けられたとされる「黒い聖書」

帯に「読むな！」と書いてあった本といえば、当時の角川文庫版の『ドグラ・マグラ』もおなじみ。「読むと発狂する！」みたいなイカしたキャッチコピーについつい煽られてしまう。僕は例の「チャカポコ、チャカポコ……」が延々と続くあたりで（ここで断念した子は多数！）、「いい加減にしろ！」と本を放りだしてしまったので、初読のときは発狂を免れた。その後、大学生になってから全集で読んでしまったので、今は発狂しているのかもしれない。

『ドグラ・マグラ』の夢野久作や、『黒死館殺人事件』の小栗虫太郎、『虚無への供物』の中井英夫（日本探偵小説の三大奇書！）といった方面には、江戸川乱歩経由でミステリー好きの子がたどり着くパターンが多かった。

僕の周辺の子たちは映画好きでロック好きというタイプが中心だったので、そっち方面からも大量のネタが流れ込んできた。

日曜日に背伸びして「ゴダール三本だて！」などを見て、急にボードレールとかランボーの詩集を買って虚ろな目をしてみたり、ロートレアモンの劣化コピーみたいな詩をノートに書き出したりする子もいたなぁ……。

僕はストーンズが好きだったのだけど、バンドつきのカメラマン、トニー・サンチェスが腹立ちまぎれに内幕をぶちまけた『悪魔を憐れむ詩』は、やっぱり中学生には衝撃だった。これでドラッグ・カルチャーに興味を持ち、トマス・ド・クインシーの『阿片常用者の告白』や、映画『サスペリア』のヒントになった『深き淵よりの嘆息』を読んでみたが、中学生の感性ではチンプンカンプンだった。

本は害毒を感染させる「毒物」だ……というアホな青春のロマンチシズムは、ことほどさように恥ずかしい……といったその感覚も、おそらく八〇年代までの昔話なのだろう。

当時はアホなガキの間にも書物への原始的(?)な「信仰」がまだかろうじてあったようだが、今ではもうそんな馬鹿げた「迷信」を「文化」と呼んでいたのどかな日々は、遠い昔のことになってしまったのかもしれない。現在、書籍は単に「商品」であって、その「価値」の決定はもっぱら市場原理と「ブックオフ」の店員に委ねられる。いたって健全だ。

しかし、それでも依然として本は「毒物」なのだと思う。なにかあるたびに、今も人は血眼で「悪い本」を特定し、魔女狩りが横行した中世のように真顔で「焚書」を主張したりするのだからオモシロイ。

今もどこかで誰かが書物を恐れたり憎んだりしているということは、考えてみればとても愉快で痛快な「ロマン」だ。

『ローリング・ストーンズ 悪魔を憐れむ詩』
トニー・サンチェス・著／中江昌彦・訳
全音楽譜出版社 1982年
バンド黄金期の異常な内実をゴシップネタ満載で描く。真偽はともかく、物語として秀逸

おわりに

子ども時代に読んだ「懐かしい本」の数々を思いつくままにピックアップしてみましたが、できあがった本をあらためて眺めてみれば、「あの名作が入ってない！」とか、「あのジャンルが一冊も入ってない！」とか、我ながらずいぶんイビツなラインナップになってしまいました。

また、内容的にもだいぶ偏りがあるようで、たぶん誰が見ても「オカルト本が多すぎだろっ！」と思うでしょうが、これについては「だって当時の小学生の読書傾向がそうだったんだからしょうがないよ」としか言い訳のしようがありません……。

僕にとって七〇年代の「子どもの本棚」は、襟元を正して読まなければならない多くの「戦後民主主義」的児童文学と、「幽霊」「宇宙人」「超能力」などなどなどをテーマにした俗悪な「オカルト本」が仲良くゴチャッと境を接していた、というイメージです。つまり、やっぱり僕らは「戦後民主主義」と「オカルト」の申し子みたいな世代だったんだなぁ、と痛感するわけです。このふたつこそが、七〇年代子ども文化の二大テーマだったんだ、と。

どちらもなにやらフワフワとしていて目には見えにくく、ときにはなんだかただの幻のように思えることもあったりして、だからなのか、同世代のなかにも「もうどっちも信じない！」とキッパリ割りきってる人も多いようです。

僕の場合は、「戦後民主主義」的児童文学のある部分に対しては、子ども時代に鬱積させた妙な反感がいまだにあったりするものの、それでもやっぱり「三つ子の魂百まで」で、「幽霊」「宇宙人」「超能力」同様、あのころの「戦後民主主義」とやらの存在も夢見がちに信じていくしかないようです。

本書の原稿は、僕にとっては四〇数年ぶりの「読書感想文」でした（書評でも研究でもないので、やはり感想文なのだと思います）。子どものころは感想文が得意だったのですが、それは「先生はだいたいこういうことを書けばホメるだろう」とタカをくくった嘘っぱちを書き飛ばしていたからで、やっぱり本について本当に思ったことを書くのはとても難しいんだなぁ……と今さらながら痛感しました。

来る日も来る日も「読書感想文」を書く日々は、小学生時代の夏休み、八月も押し迫ってから宿題の「課題図書」をほったらかしにしていたことを思い出し、泣きベソをかきながら原稿用紙に向かった夜に似ていました。

●著者プロフィール

はつみ・けんいち　1967年、東京生まれ。主に1960〜70年代のお菓子やおもちゃ、キッズカルチャーについての話題など、レトロな戯言をネタに活動中。主な著書に文庫『まだある。』シリーズ全9巻、単行本『まだある。大百科』『まだある。こども歳時記』『ぼくらの昭和オカルト大百科』（大空出版）、『昭和ちびっこ未来画報』『昭和ちびっこ怪奇画報』（青幻舎）、『小学生歳時記』（ダイヤモンド社）、『昭和の遊び 黄金時代』（光文社新書）など。

昭和こども図書館
今でも読める思い出の児童書ガイド

2017年7月30日　初版第1刷発行

著　者　初見健一
発行者　加藤玄一
発行所　株式会社大空出版
東京都千代田区神田神保町3-10-2　共立ビル8階　〒101-0051
電話番号　03-3221-0977
URL　http://www.ozorabunko.jp/

デザイン　大類百世、芥川葉子、竹鶴仁惠
校　正　齊藤和彦
印刷・製本　株式会社 暁印刷

ISBN978-4-903175-72-0 C0077